W0171138

Bärbel Wardetzki · Sonja R.

Und das soll Liebe sein?

Wie es gelingt, sich aus einer narzisstischen
Beziehung zu befreien

Ausführliche Informationen über
unsere Autoren und Bücher
www.dtv.de

Dieses Buch ist auch als eBook erhältlich.
Von Bärbel Wardetzki ist bei dtv außerdem lieferbar:
Ohrfeige für die Seele
Mich kränkt so schnell keiner
Kränkung am Arbeitsplatz
Blender im Job

Originalausgabe 2018
4. Auflage 2020
© 2018 dtv Verlagsgesellschaft mbH & Co. KG, München
Das Werk ist urheberrechtlich geschützt.
Sämtliche, auch auszugsweise Verwertungen bleiben vorbehalten.
Für Inhalte von Webseiten Dritter, auf die in diesem Werk verwiesen wird,
ist stets der jeweilige Anbieter oder Betreiber verantwortlich, wir übernehmen
dafür keine Gewähr. Rechtswidrige Inhalte waren zum Zeitpunkt der
Verlinkung nicht erkennbar.
Umschlaggestaltung: Isabella Grill/dtv
Satz: Fotosatz Amann, Memmingen
Gesetzt aus der Sabon LT Std
Druck und Bindung: CPI – Ebner & Spiegel, Ulm
Gedruckt auf säurefreiem, chlorfrei gebleichtem Papier
Printed in Germany · ISBN 978-3-423-26189-0

Inhalt

Sonjas Geschichte

»Dieses Buch ist allen Frauen gewidmet, die sich in den Fängen eines Narzissten befinden. Ich möchte ihnen Mut machen, nicht länger zu schweigen, ihnen helfen, die Kraft zu finden, sich endlich um ihrer selbst willen zu befreien und diese maßlosen Egoisten zu verlassen. Und letztendlich schreibe ich mir auch meine eigene Erfahrung und Geschichte von der Seele. Ich mache mich ›frei‹.« *Sonja 2017*

Vorwort

Dieses Buch ist von Frauen für Frauen geschrieben, aber natürlich auch interessant für deren Partner. Denn das Thema sind narzisstische Ausbeutungsbeziehungen und die Dynamik, die sich zwischen den Partnern im Lauf der Zeit entwickelt.

Wir verfolgen die beiden Protagonisten, nennen wir sie Sonja und Frank, über Jahre, erfahren, wie sie sich kennenlernten, wie sie sich verliebten und im siebten Himmel schwebten und wie die Beziehung allmählich destruktive Züge annahm. Sieben Jahre lang litt Sonja unter Franks Vorwürfen, Entwertungen, Angriffen und den endlosen Streitereien, bis sie sich aus eigener Kraft von diesem Mann befreien und ein selbstbestimmtes Leben beginnen konnte.

Ähnliches widerfährt vielen Frauen, die sich auf einen Mann einlassen, der ihnen scheinbar Liebe und Zuwendung entgegenbringt, dessen Emotionen sich aber im Lauf der Zeit in das genaue Gegenteil verkehren. Sie werden dann nicht länger mit Zuneigung überschüttet, sondern entwertet und mit Vorwürfen traktiert, sind verbaler und manchmal sogar körperlicher Gewalt ausgeliefert. Trotz allem halten betroffene Frauen oft Jahre oder sogar Jahrzehnte an der Beziehung fest, bis sie fast daran zugrunde gehen. Zu sehr binden die Drohungen, die der Partner ausspricht, sollte sie ihn verlassen, aber auch die Hoffnung, dass alles noch einmal so schön wird wie zu Beginn.

Die Geschichte von Sonja steht exemplarisch für viele narzisstische Beziehungen. Viele Leserinnen und Leser werden sich darin wiederfinden und das Gefühl haben, wir schreiben von ihnen. Doch es geht hier weniger um die realen Personen als vielmehr um grundsätzliche Reaktionsmuster. Es geht auch nicht um Schuld und Vorwurf, nicht um die Frage, wer der/die Schlimme und wer der/die Gute ist. Beide Personen bringen ihre Erfahrungen und ihre Verletzungen in die Beziehung mit ein, die dann eine destruktive Entwicklung nimmt. Individuelle Daten und konkrete Erlebnisse sind so verfremdet, dass kein Rückschluss auf reale Personen möglich ist. Das ist ein Schutz für die Beteiligten. Wer dennoch glaubt, von sich zu lesen, möge das als Anlass zur Selbstreflexion nehmen und sein Beziehungsverhalten einmal überdenken.

Ich kommentiere die Geschichte von Sonja und Frank aus psychologischer Sicht, um verständlich zu machen, wie es dazu kommt, dass eine Frau so viele Qualen in einer Partnerschaft erträgt und warum sich der Partner so gewalttätig verhält. Wir werden sehen, dass es aufseiten der Frau nicht unbedingt Naivität ist, wie Betroffenen oft vorgeworfen wird, sondern viel mit der jeweiligen Lebensgeschichte zu tun hat. Beziehungserfahrungen in der Herkunftsfamilie spielen dabei eine besondere Rolle, denn sie bestimmen die Art unserer Partnerwahl und unserer Liebesbeziehungen im Erwachsenenleben. Wer sich minderwertig fühlt, braucht einen selbstbewussten Partner, wer sich selbst für den Tollsten hält, sucht sich eine unterwürfige Frau.

In narzisstischen Beziehungen ist in der Regel der Mann der grandios Narzisstische und die Frau das depressiv narzisstische Gegenstück. Auch Frank und Sonja repräsentieren diese Formen: Er wirkt, als sei er völlig von sich überzeugt, und versucht sich die Frau untertan zu machen. Dass das mit vielen Verletzungen verbunden ist und daher nicht gutgehen kann, versteht sich von selbst. Natürlich gibt es auch die andere Kombination: Der Mann unterwirft sich der dominanten Frau und wertet sein niedriges Selbstwertgefühl durch ihre Stärke, Attraktivität und berufliche Kompetenz auf. Doch diese Beziehungen kommen seltener vor, auch wenn die Dynamik im Grunde dieselbe ist.

Wir wollen mit diesem Buch Menschen helfen, die in einer

destruktiven Beziehung verstrickt sind, damit sie die negativen Zeichen früher wahrnehmen und konsequenter handeln können, anstatt sie zu lange zu verleugnen. Je früher eine Frau nämlich erkennt, dass der Partner einen Mister Hyde hinter der charmanten Fassade verbirgt, umso eher kann sie Grenzen ziehen und sich trennen oder sie lässt sich gar nicht erst auf ihn ein. Ist das Selbstwertgefühl erst einmal durch die jahrelangen Abwertungen und Lügen geschwächt, fällt die Entscheidung, sich zu trennen, immer schwerer. Wir wollen Frauen Mut machen, hinzuschauen und endlich von ihrem Traum Abschied zu nehmen, der schon längst ein Alptraum geworden ist.

Das Wichtigste über Narzissmus

Das narzisstische Beziehungsideal

Wer wünscht sich nicht einen Partner, der einen auf Händen trägt, der einem jeden Wunsch von den Augen abliest und immer für einen da ist? Der einen liebt und den man nie wieder hergeben will; in dessen Gegenwart man sich weiblich und anziehend fühlt, was das Selbstwertgefühl steigert. Die Sehnsucht nach einem solchen Partner schlummert in den meisten Frauen und die Hoffnung auf die große Liebe stirbt nicht aus. Bekanntschaftsanzeigen boomen, weil beinah jede, die Single geworden ist, einen neuen Partner sucht. Das ist auch ganz verständlich, denn wir Menschen brauchen andere Menschen zum Leben. Alleine und isoliert werden wir depressiv und unglücklich. Doch ist die sogenannte große Liebe oft mit Illusionen verbunden, die der Wirklichkeit nicht standhalten, Wünschen, die sich nicht umsetzen lassen. So hoffte eine Frau, die immer wieder von ihren Partnern verlassen wurde, auf eine so innige Liebe, »dass alles ganz einfach ist und wir alle Probleme lösen«. Die Vorstellung, man müsse sich nur genug lieben, dann füge sich alles wie von selbst, ist ebenso weit verbreitet wie die Enttäuschung, wenn es nicht klappt. Denn eine Beziehung ist mehr als romantische Liebe und ein Prinz auf dem weißen Pferd, der mit einem in den Sonnenuntergang reitet. An dem Punkt, an dem Märchen enden, beginnt im Alltag die Beziehungsarbeit. Und die ist nicht immer romantisch.

Das narzisstische Beziehungsideal besteht aus dem Traum von einer verschmelzenden Zweisamkeit: Beide fühlen, denken, erleben und wollen dasselbe. Es ist die völlige Harmonie, die die Partner auf immer zusammenschweißen soll. Doch was als Liebe erlebt wird, ist mehr der Wunsch nach Kontrolle über den Partner und die Partnerin. Nur wenn das geliebte Gegenüber sich so verhält und so ist, wie man es möchte, kann die Beziehung bestehen.

Die Voraussetzung, um eine solche Harmonie zu erreichen, ist die Aufgabe der persönlichen Eigenheiten, da sie den Gleichklang stören. Aus zwei Menschen wird einer, so wie aus Milch und Kaffee Milchkaffee wird. Diese Konfluenz, dieses Zusammenfließen, führt dazu, dass es am Ende weder die Milch noch den Kaffee gibt. Übertragen auf die Menschen heißt es, dass von den einzelnen Personen nicht mehr viel übrig ist. Frauen erleben es als ein Sich-im-anderen-Verlieren, ein Sich-Aufgeben und Nicht-mehr-bei-sich-Sein.

Doch konfluente Beziehungen funktionieren nicht wirklich. Menschen sind viel zu unterschiedlich, als dass sie immer im Gleichklang leben könnten. Ohnehin gelingt es nur, wenn einer zurücksteckt und sein Denken, Fühlen und seine Bedürfnisse dem anderen unterordnet. In der Regel ist es die Frau, die sich anpasst, und der Mann gibt die Richtung vor, wie es auch bei Sonja und Frank der Fall war. Eigentlich ist sie eine patente Frau, die ihr Leben zuvor selbstständig gemeistert hat, aber in der Liebesbeziehung mutiert sie zu einer unselbstständigen, angepassten und »selbstlosen« Frau, einer Frau ohne Selbstbewusstsein.

Konfluenz geht immer auf Kosten der Partner und der Beziehung. Was als Harmonie und Glück fantasiert wird, nämlich das Fehlen von Reibung durch Unterschiedlichkeit, stellt sich als Quelle vieler Probleme heraus. Denn Konfluenz verhindert Beziehung, statt sie zu fördern.

Beziehung bedeutet, sich auf den anderen zu beziehen und das beinhaltet Interesse und Neugier am anderen und Sorge um den anderen. Beziehung bedeutet nicht, sich dem anderen

auf Kosten der eigenen Individualität anzupassen und unter-
zuordnen. Eine lebendige und nährende Beziehung lebt von
der Andersartigkeit der Partner, von der Auseinandersetzung
und dem Suchen nach Gemeinsamkeit. Das beinhaltet eine
aktivierende Spannung, ein Sich-Einlassen auf den anderen,
ohne sich aufzugeben. Liebe ist nicht Konfluenz und Konfluenz ist nicht Liebe. Liebe braucht Luft zum Atmen und Raum,
um sich ausdehnen zu können. Liebe ist angewiesen auf die
Einfühlung der Partner, aber ebenso auf deren Eigenständig-
keit. Sonst trägt immer einer den anderen mit sich herum.
Eine Beziehung gelingt dann, wenn beide Partner Wertschätzung für sich selbst und den anderen haben. Wenn sie also ein
stabiles Selbstwertgefühl besitzen, das es ihnen möglich
macht, ihre Stärken ebenso zu leben wie ihre Schwächen und
sie für beides in der Beziehung Raum haben.

Narzisstischen Beziehungen fehlt all das, denn hier begegnen sich zwei Menschen, deren Selbstwertgefühl verletzt ist
und die daher im anderen die Wertschätzung suchen, die sie
sich selbst nicht geben können.

Elemente und Charakteristika
narzisstischer Beziehungen

Narzisstische Selbstwertverletzungen

Mit Narzissmus wird eine Beeinträchtigung der Selbstliebe,
der Identität und der Beziehungsfähigkeit bezeichnet. Früher
sprach man von einer narzisstischen Störung, heute sieht man
narzisstische Ausprägungen mehr als Versuch, mit frühen
Verletzungen der Selbstentwicklung zurechtzukommen. Verletzungen des Selbstwertgefühls, die zu narzisstischen Ausprägungen führen, geschehen in aller Regel sehr früh in der
Kindheit.

Hierbei spielen zwei wesentliche Mechanismen eine Rolle: Verwöhnung, Überbehütung und Vereinnahmung auf der einen und mangelnde Liebe und Einfühlung sowie Zurückweisung auf der anderen Seite. Zurückweisung wie Vereinnahmung gehen am Wesen des Kindes vorbei.[1] Entweder muss es sich an eine bestimmte Rolle anpassen und wird für die Bedürfnisse der Erwachsenen vereinnahmt oder es wird abgelehnt, weil es nicht den Erwartungen entspricht.

Verwöhnung ebenso wie Vernachlässigung werden vom Kind als seelische Verlassenheit erlebt, weil es nicht so gesehen und gespiegelt wird, wie es ist. Das führt zu einem tiefliegenden Gefühl, nicht »richtig« zu sein, anders sein zu müssen. Die Rettung in die narzisstische Grandiosität bewahrt vor dem Gefühl der Minderwertigkeit, ist aber nur eine Scheinlösung für das verletzte Selbstwertgefühl.

Bei Ablehnung wie bei Überbehütung liegt also eine Enttäuschung des Kindes vor, im ersten Fall durch mangelnde Umsorgung, im zweiten durch Verwöhnung. Denn auch »primär Verwöhnte sind immer sekundär Frustrierte«.[2]

Das mag verwundern – wie kann ein verwöhntes Kind in seinem Selbstwert verletzt werden, wo es doch von den Eltern »in den Himmel« gehoben wird? Ja, ein verwöhntes Kind erfährt eine besondere Form von Liebe und Zuwendung, doch sie entspricht ihm nicht. Das Kind wird überbehütet, in Watte gepackt, ihm werden Dinge abgenommen, die es selbst machen könnte und die es zu einem eigenständigen Leben lernen muss. Ihm werden keine oder wenig Grenzen gesetzt, sodass es keine Frustrationstoleranz aufbauen kann. Entscheidend aber ist, dass sich die Handlungen der Erziehungsberechtigten nicht an der Persönlichkeit des Kindes orientieren, sondern an ihren eigenen Bedürfnissen. Sie versuchen, alles zu steuern und unter Kontrolle zu behalten. Hier ist dann kein Raum für das Kind, anders als die Mutter oder der Vater zu sein, langsamer, ungeschickter, unwissender. Springen die

Eltern schnell ein, um Sachen für das Kind zu erledigen oder soziale Kämpfe für das Kind auszufechten, dann tun sie es im Grunde für sich selbst. Weil ihnen die Geduld fehlt oder sie es nicht ertragen, ihr Kind womöglich scheitern zu sehen. Es liegt am Narzissmus der Eltern, wenn sie ihre Kinder stets glücklich, erfolgreich und ohne Probleme erleben wollen. Doch wer seinem Kind nichts zutraut, nimmt ihm die Chance, zu lernen und zu zeigen, was es kann. Was bleibt, ist das Gefühl der Minderwertigkeit.

Eine andere Variante der Verwöhnung ist die übermäßige Förderung bestimmter Begabungen des Kindes, die das narzisstische Defizit der Eltern ausgleichen sollen. Legendär sind die sogenannten Eisprinzessinnen-Mütter, deren Kinder für sie den Erfolg haben müssen, den sie selbst nicht erreichten. So werden die Kinder zu Schmuckstücken aufgebaut, mit denen die Eltern prahlen und ihr angeschlagenes Selbstwertgefühl stärken können. Ob auch das Kind das will, ist zweitrangig.

Beide Varianten führen bei dem Kind zu einer fordernden Haltung der Welt gegenüber, einmal, um das eigene Minderwertigkeitsgefühl auszugleichen, und das andere Mal, weil das Kind größer und bedeutender gemacht wird, als es ist. Durch Verwöhnung werden Grandiositätsfantasien genährt und durch fehlende Grenzen werden sie nicht auf ein gesundes Maß gestutzt. Hinter der Grandiosität aber verbirgt sich ein hilfloses und inkompetentes Kind, das kein Gefühl für seine eigenen Stärken und Fähigkeiten entwickeln konnte.

Bei Vernachlässigung, einer lieblosen oder harten Erziehung reagiert das Kind mit Gefühlsscheu, Verbitterung oder Vereinsamung. Aber auch die Abwesenheit von Familienangehörigen, lange Trennungen, Gewalt, Katastrophen, Kriege oder andere Einbrüche wirken sich auf die Entwicklung des Kindes in störender Weise aus. Können diese traumatischen Erlebnisse nicht ausgeglichen und verarbeitet werden, weil dem Kind keine Ersatzbezugspersonen zur Verfügung stehen, dann werden die entsprechenden Gefühle abgespalten und aus dem Bewusstsein eliminiert. Es wird – so bei Narzissmus – eine Willensstruktur ausbilden, die ihm das Überleben sichert: basierend auf überlegener Kraft, Kontrolle, Zusammenreißen und Leistung.

Es wird nach außen eine Fassade aufbauen, die es größer und mächtiger erscheinen lässt, das sogenannte falsche Selbst. Perfektionismus, Leistungsstreben und Statussymbole sollen das fehlende Selbstwertgefühl ausgleichen. Auch der tolle Partner, die tolle Partnerin können eine Kompensationsrolle übernehmen, wenn der eigene Selbstwert dadurch steigt.

Identitätssuche: Wer bin ich und bin ich gut genug?

Aber nicht nur der Selbstwert leidet unter einer verwöhnenden oder vernachlässigenden Erziehung, sondern auch die Entwicklung der Identität und des Einfühlungsvermögens.

Der dänische Familientherapeut Jesper Juul spricht davon, dass die Eltern ihren Söhnen und Töchtern sogar den Anblick eigener Trauer ersparen, etwa beim Tod der Großeltern. Solche Kinder wissen nichts über andere Menschen und nichts über sich selbst. Sie wissen nicht, was es heißt, traurig oder frustriert zu sein, sie kennen deshalb kein Mitgefühl. Sich nicht zu kennen ist ein Charakteristikum des Narzissmus, ebenso die fehlende Empathie. Narzisstische Menschen bleiben sich immer fremd, weil sie keine Identität ausgebildet haben, die ihnen ein Wissen über sich selbst geben könnte. Sie sind daher ein Leben lang auf der Suche nach der Antwort auf die Frage »Wer bin ich und bin ich gut genug?«. Wo das Gefühl für sich selbst fehlt, wird es ersetzt durch die Reaktion der anderen Menschen. Deren Beachtung und Aufmerksamkeit wird zum Zünglein an der Waage, ob sich jemand wertvoll fühlt oder nicht. Ohne Bestätigung sind diese Menschen haltlos, denn ihnen fehlt der innere Kompass. Sie können ihren eigenen Wert nicht selbst bestimmen, sondern machen ihn abhängig von der Stärke des Applauses oder der Liebesbekundungen. Deshalb sind sie auch so schnell kränkbar, wenn die Zuwendung ausbleibt. Sie glauben dann, nicht gut genug zu sein und fühlen sich abgelehnt. Das bedroht das instabile Selbstwertgefühl in hohem Maße, weshalb sie entweder aggressiv gegen den anderen vorgehen, ihn beschimpfen und den Kontakt abbrechen. Oder sie versinken in Selbstmitleid, fühlen sich nichtig und deprimiert, oft sogar verbunden mit Suizidgedanken.

Eine solche Kränkungsreaktion kann bereits auftreten, wenn der Partner etwas tut, das sie als Ablehnung erleben. Da sie durch ihre Selbstunsicherheit die permanente Zuwendung brauchen, um sich wert zu fühlen, kann allein die Tatsache, dass der Partner in ihrer Gegenwart seine SMS liest, wie eine Zurückweisung wirken. Wenn er sich etwas anderem zuwendet als ihnen, ist das eine massive Kränkung! Sie bekommen Angst, denn die symbiotische Liebe ist in Gefahr, beschädigt zu werden. Er müsse doch wissen, dass sein Verhalten eine Beleidigung ist und die unausgesprochene Vereinbarung der Verschmelzung verletzt. Zugleich befürchten sie, nicht liebenswert zu sein, nicht gut genug für ihn, was ihre innere Not verstärkt. Ein seelischer Teufelskreis, aus dem nur die Liebeserklärungen des Partners heraushelfen.

Da sie so stark mit der Aufrechterhaltung ihres Selbstwertgefühls beschäftigt sind, fehlt ihnen die gefühlvolle Zuwendung zum anderen. Empathie heißt sich einfühlen in den anderen. Das fordern sie mehr für sich, als sie es anderen zuteilwerden lassen.

Das Beziehungsdilemma

Narzisstischen Beziehungen liegt ein seelisches Dilemma zugrunde, das sie instabil und wenig nährend macht.[3] Das Dilemma ist die Wahl zwischen zwei unattraktiven Alternativen: zwischen der Sehnsucht nach Geborgenheit und Verschmelzung auf der einen Seite und einer großen Angst vor Nähe auf der anderen Seite. Wählen sie die Nähe, dann bekommen sie Angst, verschlungen zu werden. Wählen sie die Distanz, dann fürchten sie das Alleinsein und die Depression. Wie sie sich auch entscheiden, sie sind nie glücklich.

Dieser Zwiespalt resultiert aus den frühen Beziehungserfahrungen. Liebe ist für narzisstische Menschen gleichbedeutend mit Selbstaufgabe und der Forderung, den Erwartungen des anderen zu entsprechen, wie sie es aus ihrer Kindheit kennen. Sie befürchten, sich auch dem Partner wieder unterwerfen zu müssen, was mit der Angst vor Selbstverlust einhergeht. Verweigern sie sich jedoch und grenzen sich ab, dann haben sie Angst davor, nicht mehr geliebt und gespiegelt zu werden. Ein echtes Dilemma, das einer unsicheren Bindung und einem verletzten Selbstwertgefühl entspringt. Und das die Basis ist für das Durchhalten in der entwertenden Beziehung, denn sie fürchten den Liebesverlust, sobald sie sich gegen die Vorwürfe und Bevormundung des Partners wehren. Liebe gibt's nur bei Anpassung.

Aus Angst, den Partner wieder zu verlieren, klammern sie immer stärker und erreichen genau das Gegenteil. Denn diese erzwungene Nähe provoziert im anderen den Rückzug aus der Beziehung und lässt die Frauen mit einer Verlassenheitsdepression allein zurück.

Männlicher und weiblicher Narzissmus

In diesem Beziehungsdrama gibt es zwei unterschiedliche Rollen, die sich perfekt ergänzen: den weiblichen und den männlichen Part. Und oft sind es wirklich Mann und Frau, die sie entsprechend einnehmen. Die Grundlage des männlichen Narzissmus und des komplementär-weiblichen ist dieselbe, nämlich ein verletztes Selbstwertgefühl, aber die Erscheinungsformen sind unterschiedlich. Da, wo die Frau anklammert, geht er auf Distanz, da, wo er sich in den Vordergrund spielt, versteckt sie sich hinter ihm. Der männliche Narzissmus wird auch offener Narzissmus genannt, da er in der Grandiosität verwurzelt ist und diese Menschen ganz offensichtlich ihre Großartigkeit zur Schau stellen. Der weibliche Narzissmus dagegen ist der verdeckte, der wesentlich weniger in Erscheinung tritt.

Allerdings können die Rollen auch wechseln und Männer den komplementären Part einnehmen. Frauen oder auch Männer, die den weiblichen Narzissmus leben, sind primär mit ihren Minderwertigkeitsgefühlen in Kontakt und machen sich kleiner, als sie sind. Sie kompensieren diese Minderwertigkeit mit übersteigerten Idealen von Schlankheit, Schönheit, Leistung und Perfektionismus, zweifeln aber im Grunde immer an sich. Der grandiose Narzisst spürt die Minderwertigkeitsgefühle nicht, weil er sie verdrängt und sich zum Überflieger macht. Doch darunter lauert auch bei ihm die Furcht, nicht so großartig zu sein, wie er sich gerne sieht und darstellt. Er wehrt diese Bedenken ab, indem er jegliche Kritik von sich weist und die anderen entwertet.

In der Regel suchen sich weiblich-narzisstisch strukturierte Frauen einen grandiosen Mann und grandiose Männer eine Frau mit weiblich-narzisstischen Zügen. Der Vorteil für beide liegt auf der Hand. Sie steigert ihre Bedeutung durch seine Großartigkeit und er wächst durch ihre Bewunderung. Doch es ist ein brüchiger Deal, da keiner auf die Dauer wirklich auf seine Kosten kommt.

Das Gefälle in der Beziehung

Narzisstische Beziehungen sind nie auf Augenhöhe, sondern es gibt immer einen Überlegenen und einen Unterlegenen. In der Regel versucht der Mann als der grandiose Partner die Oberhand zu behalten und sich über seine Partnerin zu stellen. Frage ich Frauen in der Therapie, wie sie ihre Beziehung als Skulptur darstellen würden, dann steht er auf dem Sockel oder sie kniet vor ihm.

Dieses Gefälle ist charakteristisch und dient dem grandiosen Narzissten dazu, die eigene Überlegenheit zu zementieren. Es gibt ihm Sicherheit, da er seine Partnerin in Schach hält und die Macht hat. Allein durch die Anpassung an seine Erwartungen, die ja eine Unterordnung ist, bildet sich ein Unten und Oben. Dahinter steht meist eine unbewusste Manipulationstechnik, bei der die unterlegene Frau seelisch vereinnahmt wird. Sie wird zur Erweiterung des Selbst des Überlegenen und von ihm so definiert, wie er sie haben will. Die Partnerin wird einmal als die Schönste bezeichnet, ein anderes Mal als dumm und inkompetent, je nachdem, was der grandiose Partner gerade braucht. Fühlt er sich gut und gestärkt, kann auch sie in den Genuss kommen, aufgewertet zu werden. Oder wie wir bei Frank sehen werden, idealisiert er Sonja vor Dritten, aber entwertet sie, wenn sie alleine sind. Hat der Mann schlechte Laune, weil er im Job eine Niederlage erlebte, wird er an ihr nur Fehler sehen und sie dafür verurteilen. Macht die Frau sich in ihrem Selbsterleben von der Bewertung des Partners abhängig, dann wird sie sich einmal wunderbar und geliebt fühlen und das andere Mal wie der letzte Dreck. Sie befindet sich sozusagen in einem emotionalen Wechselbad und verliert im Lauf der Zeit den Bezug zu sich selbst. Stattdessen wird sie immer stärker auf die Reaktionen des Partners konzentriert sein, um gut bei ihm anzukommen, um sich wertvoll zu fühlen.

Die Entzauberung des Partners

Der Anspruch an den Partner, für die Stabilisierung und Steigerung des eigenen Selbstwertgefühls zuständig zu sein, setzt seine Idealisierung voraus. Nur wenn er ihre grandiosen Erwartungen erfüllt, ist er der Richtige, der ihre Selbstzweifel vorübergehend zum Schweigen bringt. Er wird dazu erhöht und zu jemandem gemacht, der er nicht ist. Doch kein Mensch kann einer Idealvorstellung genügen, und so wird er irgendwann entzaubert. Interessanterweise macht er mit der Frau dasselbe. Auch sie muss seinen Ansprüchen genügen, um eine adäquate Partnerin zu sein, sonst wird sie ausgetauscht.

Sicherlich bedeutet Partnerschaft immer auch eine seelische Bereicherung, doch das ist etwas anderes, als sie zur Erhöhung des eigenen Selbstwerts zu missbrauchen. Die ausbeuterische Botschaft an den Partner lautet: »Sei du für mich da, für meine narzisstischen Bedürfnisse, damit ich mich wertvoll fühle.« Der Partner wird funktionalisiert und nur unter dem Aspekt gesehen, was er für einen tut. Seine Person rückt in den Hintergrund, ja, er darf gar nicht mehr er selbst sein, sonst erfüllt er seine Rolle nicht. In dem Moment endet die Liebe und manchmal auch die Beziehung.

Woran erkennt man den narzisstischen Partner?

Diese Frage ist nicht leicht zu beantworten, auch weil Narzissmus nicht einfach zu definieren ist. Denn narzisstisch sind wir alle in gewissem Maße und wir sind täglich gezwungen, unser Selbstwertgefühl zu regulieren. Wir werden nicht immer geliebt und gelobt, sondern auch missachtet, kritisiert und abgelehnt. Das sind die Momente, in denen wir unsere Insuffizienzgefühle unter Kontrolle und unseren Selbstwert wieder ins Gleichgewicht bringen müssen. Bewährte Methoden sind: sich beruhigen, sich gut zureden, sich unterstützen und Mut machen. Wer dazu nicht in der Lage ist, ist auf die Zustimmung von außen angewiesen, um sich wertvoll zu fühlen. Das ist ein Anzeichen für ein narzisstisches Defizit. Natürlich brauchen auch Menschen mit einem gesunden Narzissmus positive Rückmeldungen und Beachtung von anderen, doch sind sie längst nicht so stark darauf angewiesen, denn sie wissen um ihren Wert.

Die permanente Suche nach Bestätigung

Wenn Ihr Partner also auffallend oft nach Bestätigung sucht, kann das ein Hinweis auf eine narzisstische Struktur sein: Wenn er seine beruflichen Erfolge oder die Schwächen der anderen besonders betont, wenn er damit prahlt, mit welchen wichtigen Menschen er beim Essen war, wie er »es den anderen gezeigt hat, wo es langgeht«, oder er immer nach Ihrem bestätigenden Blick schielt. Der Unterschied zu einem Menschen, der Freude an seinen Erfolgen hat und darüber berichtet, besteht hauptsächlich darin, dass es nicht so anstrengend ist, ihm zuzuhören. Bei einem narzisstischen Partner sehen Sie sich vielleicht sogar gezwungen, die richtigen Worte zu finden und unter allen Umständen zu vermeiden, ihn zu enttäuschen.

Gemeinsame Freude wird selten aufkommen, denn es geht primär darum, ihn zu bewundern und nicht, ein spontanes, echtes Gefühl zu teilen. Das würde ein Miteinander herstellen, eine Verbindung im gemeinsamen positiven Erleben. Stattdessen werden Sie zu seiner applaudierenden Statistin. Ob Sie sich freuen oder nicht, spielt eine untergeordnete Rolle. Vielleicht fühlen Sie sich sogar ausgenutzt und als Person irrelevant.

Kritikunfähigkeit und Rechthaberei

Ein weiteres Erkennungsmerkmal für Narzissmus ist der Umgang mit Kritik. Aufgrund der Angst, nicht gut genug zu sein, muss der narzisstische Partner alles Kritische abwehren und kann sich keine Selbstreflexion leisten. Je stärker diese Reaktion ist, desto stärker ist der Selbstwert verletzt. Kritik wird er dann als Kränkung erleben und Sie beschimpfen, völlig falsch zu liegen und keine Ahnung zu haben. Am Ende bekommt er es hin, dass Sie sich schuldig und ungenügend fühlen. Das schafft er mit seiner Eloquenz, die Ihnen kaum eine Chance lässt, Ihre Argumente vorzubringen. Alles wird so gedreht, dass er sich »reinwäscht« und ohne Fehl und Tadel dasteht. Jeden Einwand von Ihnen wird er mit einer Überzeugungskraft widerlegen, dass Sie am Ende an Ihrer Wahrnehmung zweifeln.

Die narzisstische Rechthaberei ist nicht nur ein Machtspiel, sondern wird vom Partner existenziell erlebt. Eine andere Meinung ist wie ein Angriff auf die eigene Person und muss mit allen Mitteln abgewehrt werden. Hier zeigt sich wieder der Wunsch nach Konfluenz, nach Gleichklang. Denn die gegenteilige Meinung ist wie eine Anklage, etwas nicht zu wissen oder »falsch« zu sein. Sie wird zu einer verdeckten Kritik, die nicht aushaltbar ist. Daher wird er Gespräche mit anderen

Menschen an sich ziehen, die Themen steuern und Streitgespräche vermeiden. Er ist ein besserer Geschichtenerzähler als ein guter Diskutant.

Egozentrik

Einem narzisstischen Partner geht es in erster Linie um sich selbst, um seine Bedürfnisse und Anliegen, weniger um Sie und schon gar nicht um ein Wir. Diese Haltung fällt zu Beginn nicht auf, da er Sie mit seiner überschwänglichen Zuwendung und Einfühlsamkeit verführt. Doch sobald er Sie erobert hat, zeigt er seine egozentrische Seite. Dann werden Sie zur Erfüllungsgehilfin für seine Belange, zur Ansprechpartnerin, die immer ein Ohr für ihn haben muss, zur Trösterin, wenn es ihm schlecht geht, zur Zuhörerin und vor allem zur Person, die ihn bestätigt und bewundert. All das sind Funktionen einer Partnerin (eines Partners) auch in nicht narzistischen Beziehungen, doch sind beide durch ein Wir-Gefühl und Gegenseitigkeit verbunden. Ein offenes Ohr, Trost und Unterstützung bekommen Sie in einer narzisstischen Beziehung hingegen in aller Regel nicht. Das Interesse an Ihren Belangen, an Ihren Gefühlen und Befindlichkeiten ist eher gering. Seine Empathie endet dort, wo es um Sie geht.

Was Sie beschäftigt, steht für ihn nicht im Mittelpunkt, außer er kann der große Helfer und Gönner sein, der Ihnen den Weg ebnet und seine Kontakte für Sie spielen lässt. Aber auch dann geht es mehr um ihn als um Sie, selbst wenn es altruistisch wirkt. Sie merken es beispielsweise daran, dass er Verabredungen nicht einhält, wenn Sie einen Geschäftstermin haben und er auf die Kinder aufpassen soll. Oder wenn Sie beginnen, etwas für Sie Wichtiges zu erzählen und er sich gar nicht darauf einlässt, sondern gleich von sich berichtet. Wenn Sie seine Meinung hören wollen, aber nur eine Belehrung oder

Besserwisserei bekommen. Wenn Sie das Gefühl haben, nie etwas recht machen zu können, so sehr Sie sich auch anstrengen.

Egoismus ist bis zu einem gewissen Maße angemessen und auch gesund. Denn er ist die Basis dafür, dass jemand auch an sich denkt und seine Bedürfnisse durchsetzt. Doch er wird zur Egozentrik, wenn sich alles nur um die eigene Person dreht und anderes unwichtig wird. Das ruft negative Gefühle beim Gegenüber hervor und stört die Beziehung. Man hat keine Lust mehr, mit diesem Menschen etwas zu tun zu haben, da man leer ausgeht und sich zurückgesetzt fühlt. Auf jeden Fall schafft Egozentrik keine Gemeinsamkeit, sondern trennt.

Neid

Neid ist typisch für narzisstische Paare. Keiner gönnt dem anderen das, was er selbst gerne hätte: Sie neidet ihm beispielsweise seinen Erfolg im Beruf, weil sie für die Kinder ihren Job aufgegeben hat. Er dagegen gönnt ihr nicht die freie Zeit als Mutter und Hausfrau. Jeder denkt, dem anderen gehe es besser und befürchtet, selbst zu kurz zu kommen. Ist die Frau beruflich erfolgreich, verdient sie besser als ihr Partner oder verbringt sie viel Zeit im Job, so findet er das problematisch. Auf ihre Arbeit ist er eifersüchtig wie auf einen Lover. Daran können sich massive Streite entzünden, weil der Neid und die Eifersucht sein Selbstwertgefühl negativ berühren. Als wäre der, der mehr bekommt (Geld, Aufmerksamkeit), auch mehr wert. Sie konkurrieren darum, wer der Bessere in der Beziehung ist. Gemeinsamkeit kann so nicht entstehen. Aus dem Konkurrenzneid heraus macht der narzisstische Ehemann seiner Frau Vorhaltungen, warum sie so lange im Büro ist und ihn daheim warten lässt. Sie fühlt sich unter Druck gesetzt, versucht früher zu Hause zu sein, hetzt sich ab, nur um erneut Vorwürfe zu hören. Sie kann es ihm nie recht machen.

Doppelbotschaften

Die Doppelbotschaft dabei lautet: Egal was sie macht, es ist immer falsch. Kommt sie zu spät, schimpft er, ist sie mal pünktlich zu Hause, erlebt er es als Beleidigung, weil es nicht die Regel ist. Käme sie aber auf Dauer früh nach Hause, würde er etwas anderes finden, um sie zu entwerten: »Du tust wohl gar nichts mehr?«; »Du wirst auch immer fauler« und ähnliche Vorwürfe.

Doppelbotschaften machen irre und krank, weil man am Ende völlig verunsichert ist. Man hat keine Orientierung, was richtig und was falsch ist.

Eifersucht und Kontrolle

Narzisstische Partner versuchen ihre Frauen unter Kontrolle zu halten, um besser auf sie einwirken zu können und zu vermeiden, dass sie zu eigenständig werden. Denn ihr Einfluss ist umso effektiver, je abhängiger die Frau vom Mann ist. Dann wird sie ihn nicht so schnell verlassen und sich seinen Erwartungen besser anpassen. Kein Wunder, dass diese Männer über kurz oder lang auf alles negativ reagieren, was ihnen die Aufmerksamkeit der Frau wegnehmen könnte. Das müssen nicht nur andere Männer sein, auch Familienmitglieder, Freundinnen, Hobbys u. v. m. können extreme Reaktionen auslösen.

Typen narzisstischer Männer

Menschen in Typen zu klassifizieren, ist nicht einfach, weil sie nie so eindeutig sind wie die Theorie. Dennoch möchte ich an dieser Stelle einige Ausprägungen narzisstischer Männer beschreiben, um Ihnen als Leserin Anhaltspunkte zu geben, woran Sie sie erkennen können. Allen Ausprägungen gemein ist eine direkte oder unterschwellige Entwertung der Partnerin, die sie für den Erhalt der Beziehung lange Zeit hinnimmt.

Die kleine Übersicht erhebt keinen Anspruch auf Vollständigkeit.

Der Erfolgreiche

Erfolg und Narzissmus gehören eng zusammen, weil einerseits der Erfolg das Selbstwertgefühl stärkt und andererseits die Grandiosität den Erfolg befeuert. Nach dem Motto: »Wer groß denkt, wird groß.« Wer Erfolg hat, erwirbt sich Ansehen, sozialen Status, Geld und Macht. Und all das fällt natürlich auch auf die Partnerin zurück, die sich mit einem so kompetenten Mann schmücken kann. Kennen Sie das? Sind Sie eine wichtige Stütze auf seiner Karriereleiter, müssen selbst aber auf vieles verzichten? Denn die meiste Zeit ist er unterwegs, arbeitet, ist in Besprechungen und vergisst darüber Einladungen oder muss plötzlich den Opernbesuch absagen. Das Geschäft geht vor. Und außerdem ermöglicht er ja mit seinem Einkommen Ihren angenehmen Lebensstil. Also dürfen Sie sich nicht beschweren. Dass mit einer solchen Haltung die Beziehung immer wieder gefährdet wird, merken die Partner oft erst zu spät. Nämlich beispielsweise dann, wenn eines der Kinder eine Essstörung entwickelt, die Frau sich mit Trennungsgedanken trägt oder einer von beiden fremdgeht.

Der sexuelle Verführer

Nicht nur Attraktivität, auch Erfolg wirkt verführerisch auf Frauen. Bei vielen verheirateten mächtigen Männern können wir beobachten, dass sie ganz selbstverständlich sexuelle Beziehungen zu anderen Frauen eingehen. Diese sind wie eine Auszeit von dem Stress der Arbeit und dem Druck, den die Männer womöglich daheim erleben. Aufgrund ihrer häufigen Abwesenheit – sowohl rein körperlich als auch emotional – können sie es ihren Frauen nie recht machen und sehen sich mit Vorwürfen konfrontiert. Eine Freundin dagegen oder eine Frau für eine Nacht fordert nichts, sondern gibt dem Mann das Gefühl, dass er sich fallen lassen kann und sie für ihn da ist. Dass er die Frau ausbeutet, merkt er nicht. Mit seinen sexuellen Eskapaden riskiert er jedoch seine Partnerschaft und manchmal sogar seine Karriere. Finden Sie sich in einer der beiden Rollen wieder? Sind Sie die betrogene Ehefrau, die ausgebeutete Liebhaberin?

Der Mantainer

Ein Mantainer ist jemand, der sich lustiger gibt, als er ist, aber dennoch die Fähigkeit besitzt, ganze Gesellschaften zu unterhalten. So will er beispielsweise als Kasper oder Entertainer beeindrucken, eine Rolle, mit der er schon als Kind Aufmerksamkeit bekommen hat. Oft handelt es sich um einen kreativen Menschen, der im Showgeschäft zu finden ist. Er lebt permanent so, als wäre er auf der Bühne, er will etwas darstellen und die anderen bei Laune halten, ein Performer durch und durch. Dahinter verbirgt sich tiefes Leid, das mit ständigen Aktionen überdeckt werden soll. Ihm ist wichtig, zu gefallen und gut anzukommen. Vielleicht sind Sie so eine Partnerin, die ihm zuhört, für ihn da ist und ihn ernst nimmt.

Doch so vergnügt, wie er in Gesellschaft ist, ist er daheim nicht mehr. Dann müssen Sie für seine Aufheiterung sorgen.

Der Gönner

Eine weitere Spielart ist der große Gönner oder Förderer, auch wenn er auf den ersten Blick gar nicht narzisstisch wirkt. Doch die Hilfe wird instrumentalisiert, um seine grandiose Position der Partnerin gegenüber zu stärken. Diese profitiert zwar davon, wenn er ihr z. B. beruflich Türen öffnet, fühlt sich aber zugleich zu ewigem Dank verpflichtet und abhängig von seiner Unterstützung. Der Gönner gewinnt auf diese Weise eine Bewunderin und treue Gefährtin, auf die er sich verlassen kann, da sie in seiner Schuld steht. Förderer neigen auch zu Besserwisserei und nehmen der Partnerin die Verantwortung ab. Ein Indiz dafür, dass sie aus Eigennutz handeln und nicht im Sinne des anderen.

Vielleicht haben Sie die Ausbeutung bisher nicht gespürt, aber im Lauf der Zeit werden Sie die Enge und vor allem die Verpflichtung als Druck erleben, gegen den Sie sich schwer zur Wehr setzen können. Er hat so viel für Sie getan, wie sollen Sie sich da freimachen? Sie wollen ja nicht undankbar sein, aber im Grunde wird es Ihnen zu viel. Noch dazu stehen Sie in der moralischen Pflicht, Loyalität für ihn zu zeigen. Ihre Kritik müssen Sie im Keim ersticken, um einen Konflikt zu vermeiden. Eine sehr unangenehme Situation.

Der Ausbeuter

Die Ausbeutung ist ein wesentliches Merkmal narzisstischen Verhaltens und Denkens und dient in erster Linie dem Erhalt des eigenen Selbstwertes. Im Gegensatz zum Gönner gibt der

Ausbeuter nichts oder wenig, sondern richtet sein Augenmerk allein auf seinen Vorteil. Die Ausbeutung geschieht sowohl seelisch als auch materiell. Emotional dienen Sie als Stütze und zur Befriedigung seiner Bedürfnisse, auch wenn es auf Ihre Kosten geht, weil Sie nicht so sein dürfen, wie Sie sind, sondern für ihn in bestimmter Weise sein müssen. Bei materieller Ausbeutung übernehmen Sie seine Schulden, zahlen seine Wohnung oder den Unterhalt, kaufen für ihn Garderobe oder Esswaren. Dafür bekommen Sie einen Partner, dessen Ansprüche immer mehr steigen.

Diese Taktik wenden auch Heiratsschwindler an, die sich aushalten lassen oder erben wollen. Mit herzzerreißenden Sprüchen und dem Versprechen der großen Liebe manipulieren sie die Frau, ihnen Geld zu geben.

Der Bedürftige

Im Grunde verhält sich auch der Bedürftige ausbeuterisch, weil er die Mutterbrust sucht und versorgt werden will. Überlegen Sie sich, ob Sie dieses Bedürfnis stillen wollen. Die Gefahr besteht, dass Sie am Ende die Verantwortung für sein emotionales Wohlbefinden haben und ausgenutzt werden. Besser ist es, dem Helferimpuls zu widerstehen und ihn als erwachsene Person anzusprechen und Verantwortlichkeit zu fordern.

Der Blender

Blender sind grandios narzisstische Menschen, die mehr scheinen als sie sind. Sie halten selten bis nie das, was sie versprechen, nehmen den Mund sehr voll, lassen aber Taten vermissen. Sie spielen anderen etwas vor und verbergen die

Wahrheit. Entweder lügen sie oder sie stellen Sachverhalte und die eigene Person in einem sehr viel besseren Licht dar.

Ihre Überzeugungskraft ist so groß und ihr Glaube an sich selbst und den eigenen Erfolg so stark, dass ihre Mitmenschen reihenweise darauf hereinfallen. Dinge beschönigen sie und wen sie gut finden, den loben sie in den Himmel. Was ihnen gefällt, bezeichnen sie als Traum schlechthin, und was sie anstreben, ist das einzig wahre Ziel. Nichts ist einfach nur gut, sondern immer großartig. Sind Sie vertraut mit dieser Form der Übertreibung, können Sie gelassen Abstriche machen und kommen dann der Realität recht nah. Nehmen Sie jedoch alles für bare Münze, sind Sie am Ende enttäuscht.

Blender sind selbst geblendet von ihrer Grandiosität, was zu einer Entfremdung von der Wirklichkeit führt. Scheitert so jemand, wird er Ihnen als seiner Partnerin weismachen, dass es nicht an ihm lag, sondern an den Umständen oder den Idioten um ihn herum.

Der Impulsiv-Instabile

Der Impulsiv-Instabile neigt dazu, seine Impulse ohne Rücksicht auf Konsequenzen auszuagieren, er ist launenhaft und unterliegt wechselnden Stimmungen von himmelhoch jauchzend bis zu Tode betrübt. Unter dem narzisstischen Überbau liegt eine reizbare, aggressive Persönlichkeit, die zu Chaos, äußerst intensiven Gefühlsausbrüchen und einem kompromisslosen Schwarz-Weiß-Denken neigt. Ein solcher Partner löst bei Ihnen Verwirrung aus, denn sein Verhalten ist weder vorhersehbar noch verlässlich. Da Kleinigkeiten massive Reaktionen auslösen können, bewegen Sie sich wie auf einem Minenfeld. Trotz Vorsicht sind Sie nie sicher. Auch mit Verständnis und emotionaler Unterfütterung werden Sie keine

Stabilität in der Beziehung herstellen können. Mit einem solchen Menschen zusammenzuleben ist sehr schwer, da Sie seiner Launenhaftigkeit ausgeliefert sind.

Der Angepasste

Der Angepasste tut alles, um zu gefallen. Anpassung ist eine Möglichkeit, Konflikten aus dem Weg zu gehen, zu den Beliebten zu gehören, sich vor Kritik und Auseinandersetzungen zu schützen und gut anzukommen. Als Partner wirkt er zuerst unkompliziert, aber auf die Dauer nervt es Sie, wenn jemand keine Kanten und Ecken zeigt. Ihm fehlt der Mut, eine eigene Meinung zu vertreten und auch gegen Widerstand durchzusetzen. Fragen Sie ihn, was er will, sagt er: »Weiß nicht«, und schon müssen Sie entscheiden. Die Verantwortung schiebt er, ohne sich dessen bewusst zu sein, auf Sie ab.

Der Anspruchsvolle

Der Anspruchsvolle ist nie zufrieden mit dem, was er bekommt und was er erlebt. Andere taugen ihm nicht wirklich, der Job füllt ihn nicht aus, der Chef ist zu lasch und die Kollegen sind zu taff. Wie auch immer es ist, es ist für ihn nicht gut genug. Versuchen Sie nicht, seinen Vorstellungen zu entsprechen, Sie werden es eh nicht schaffen. Der Anspruchsvolle muss lernen, sich mit der Unzulänglichkeit der Welt und der Menschen abzufinden. Dabei können Sie ihn unterstützen, indem Sie ihm immer wieder die Realität vor Augen führen. »Ich hätte es auch gerne anders, aber es ist nun mal so, wie es ist.« Diesen Menschen fehlt der Zugang zu Ressourcen, die ihnen das Leben leichter machen würden.

Der Gewalttätige

Dem Gewalttätigen gehen Sie am besten aus dem Weg, denn seine Aggression ist zerstörerisch. Wenn Sie Angst vor ihm haben, spürt er das und hat Sie in der Hand. Sind Sie stark, emanzipiert und kraftvoll, fühlt er sich schnell bedroht und muss Sie bekämpfen. Als Partner ist er völlig ungeeignet, da mag er sonst noch so ein netter Mensch sein.

Ist er wirklich so schlimm?

Viele Frauen stellen sich diese Frage und zweifeln, ob sie vielleicht selbst ein Problem haben. Doch zu einer ausbeuterischen Beziehung gehören zwei Personen, und je stärker der Narzissmus beider Partner ausgeprägt ist, umso zerstörerischer ist sie. Beide brauchen ein Gegenüber, das sich aufgrund eines instabilen Selbstwertgefühls und der damit zusammenhängenden Bindungsproblematik auf eine manipulative Beziehung einlässt. Wobei die Ausprägung narzisstischer Anteile stark variiert. Sie reicht vom gesunden Narzissmus mit einem stabilen Selbstwertgefühl bis zum malignen Narzissmus mit Krankheitswert. Der maligne Narzissmus ist gepaart mit antisozialem Verhalten, einem hochgradigen Aggressionspotenzial und einer ausgeprägten misstrauisch-paranoiden Haltung. Menschen mit einem malignen Narzissmus gelten als bösartig, haben ein hohes Maß an Neid und ein massives Defizit an Einfühlungsvermögen.[4]

Dazwischen gibt es – wie wir gesehen haben – viele narzisstische Spielarten und Ausdrucksformen.

»Der gesunde Narzissmus kennt zwar auch Schwankungen des Selbstwertgefühls, doch kann die Person zwischen den Polen Selbstkritik und Selbstzufriedenheit je nach Situation oszillieren (schwanken), ohne dabei in das Extrem der

Selbsterniedrigung oder das der Selbstüberhöhung zu verfallen.« [5]

Narzisstische Defizite zeigen sich besonders in extremen Gefühlszuständen. Diese Menschen schwanken zwischen himmelhoch jauchzend und zu Tode betrübt, sie fordern Dinge, statt darum zu bitten, sie besitzen wenig Toleranz und keinen Humor, was ihre Person anbelangt. Sie machen sich die Welt, wie sie ihnen gefällt, unabhängig davon, ob das realistisch ist oder nicht. Sie sind weniger mit dem Herzen dabei als mit dem Verstand und wollen lieber verstehen und denken als spüren. Überwiegt eine solche Haltung, dann können Sie sicher sein, dass Ihr Partner ein massives narzisstisches Defizit hat.

Eine besonders perfide Form der psychologischen Gewalt wird heutzutage als Gaslighting bezeichnet. Der Begriff stammt von einem Theaterstück, in dem der Mann versucht, die Frau in den Wahnsinn zu treiben, um ein Verbrechen, das er begangen hat, zu verbergen. Nicht nur in dem Stück, auch in der Realität fangen solcherart manipulierte Frauen an, ihrer Wahrnehmung zu misstrauen, sie halten sich selbst für gestört und wissen nicht mehr, wem sie glauben sollen. Eine Korrektur durch andere Menschen wird vom Partner unterbunden oder die Frauen selbst trauen sich nicht, ihr Problem bei anderen anzusprechen, weil sie an sich zweifeln. Dieser emotionale Missbrauch steigert sich allmählich im Laufe der Zeit, weshalb er auch so schwer identifizierbar ist. Er beginnt harmlos und endet in reiner Gewalt. »Du bist verrückt, das ist nie passiert«, »Du bist zu empfindlich«, »Das habe ich nie gesagt«, »So war das überhaupt nicht«: Solche Sätze verunsichern massiv, wenn man sie oft genug hört. Auch gibt es keine Verlässlichkeit, was an einem Tag gültig ist, wird am anderen Tag als Quatsch abgetan. Verleugnungen, Vorwürfe, Versprechungen, die hinterher abgestritten werden, Desinteresse an den Ausführungen der Partnerin, all das trägt zur Verwirrung bei.

Wenn Sie folgende Reaktionen bei sich registrieren, dann ist es an der Zeit, sich Hilfe zu holen: Sie zweifeln ständig an sich, lehnen sich selbst als zu empfindlich ab, sind oft verwirrt und können nicht mal einfache Entscheidungen treffen; Sie entschuldigen sich permanent, weil Sie glauben, nichts richtig zu machen, und verlieren Ihre Freude, Lebenskraft und Kompetenz, kurz: Sie sind nicht mehr Sie selbst.

Die obige Frage: »Ist er wirklich so schlimm?« können Sie dann mit »Ja« beantworten – aber auch, weil Sie es zulassen und die Beziehung nicht beenden.

Wie wir in der Geschichte von Sonja erfahren werden, ist es sehr schwer, sich aus einer Abhängigkeitsbeziehung zu befreien, sogar dann, wenn sie stark destruktive Züge annimmt. Es dauert oft sehr lange, meist viele Jahre, bis die Frauen den Mut und die Kraft haben, sich zu lösen. Dass es aber doch geht und wie es geht, wird uns Sonja aus ihrer eigenen Erfahrung erzählen.

Sonjas Geschichte

Vorgeschichte

Er nannte mich immer »Mon trésor« – was auf Deutsch »mein Schatz« heißt. Das sagen viele Männer zu ihren Frauen, weshalb er die französische Variante vorzog. Frank, der Mann, der mich am Anfang wie auf Wolken schweben ließ, mir meine Gedanken raubte und sich Stück für Stück meines Lebens bemächtigte, Stück für Stück meinen Alltag bestimmte, der mich von sich abhängig machte und versuchte, mich in einen Tresor zu schließen, den nur er nach Belieben öffnen durfte. Nur für ihn sollte ich ein Schmuckstück sein, nur für ihn leben und für ihn da sein.

Heute weiß ich, Narzissten denken in ihrer egoistischen Selbstverliebtheit nicht an andere, sondern nur an sich selbst. Und ich weiß heute auch, dass das alles nichts mit Liebe zu tun hat. Obwohl er mir das immer beteuert hat – wie sehr er mich »liebt«, und dass ich die Erfüllung in seinem Leben sei.

Frank, dem ich mit 47 Jahren begegnete, war der zweite Mann in meinem Leben, mit dem ich eine lange Zeit zusammen verbrachte, fast sieben Jahre. Sieben Jahre, die ich wohl nie vergessen werde, aber vergessen will.

Kindheit und Jugend

Es reicht nicht, nur auf meine Ehe mit Herbert zurückzublicken. Nein, mir wurde irgendwann bewusst, dass ich wohl sehr weit in meine Vergangenheit gehen muss, um zu verstehen, was auch mit mir los ist. Warum ein Mann so etwas mit mir machen und mich so behandeln kann, wie er es getan hat.

Das Leben drückte mir früh eine Verantwortung auf, die ich freiwillig nie angenommen hätte. Als ich elf Jahre alt war, wurde bei meiner Mutter, zu der ich eine sehr enge Beziehung hatte, Brustkrebs diagnostiziert. Dieser Befund brachte unser ganzes Familienleben durcheinander und meine bis dahin einigermaßen unbeschwerte Kindheit war mit einem Schlag vorbei. Ich hatte furchtbare Angst, dass meine Mutter sterben könnte. Die versuchte, sich so normal wie möglich zu verhalten, nicht zu klagen oder zu jammern und das Thema Krankheit auszugrenzen. Aber man merkte ihr an, dass ihr oft die Kraft fehlte. Mein Verhältnis zu meinem Vater war eher kühl, ich habe mich von ihm nie wirklich geliebt gefühlt. Einige Bilder aus meiner »Kleinkindzeit« sind mir bis heute haften geblieben. Wenn ich beispielsweise mit meinem Vater spazieren ging, bin ich oft in einem gewissen Abstand hinter ihm hergelaufen. Ich fühlte mich bei ihm nicht aufgehoben. Es fiel ihm schwer, Gefühle zu zeigen.

Meine Mutter hatte massive Schmerzen, das war irgendwann unübersehbar. Ich ließ mich immer wieder beruhigen, half, wo ich konnte, lernte kochen und den Haushalt zu führen. Als sie wieder mal ins Krankenhaus musste, sagten die Ärzte, dass sie nur noch ein Jahr zu leben habe. Der Schock saß so tief, dass ich nicht einmal weinen konnte. Ich verdrängte, schluckte meinen Schmerz runter. Ich ertrug. Mit wem hätte ich auch reden sollen? An meinen Vater kam man nicht heran, der hatte sich komplett abgeschottet, und meine Schwester Lisa war noch zu klein. Aus heutiger Sicht weiß ich, was damals am schlimmsten für mich war: Keiner traute sich, über das Schreckliche mit mir zu sprechen. Doch genau das hätte ich gebraucht. Und jemanden, der mich einfach mal in den Arm nimmt.

Was mir auch sehr zu schaffen machte, war das Verhältnis

zu meinem Opa, dem Vater meiner Mutter. Er wollte immer, dass ich mich auf seinen Schoß setze. Dann hat er mich irgendwann zwischen den Beinen berührt und wollte mich küssen. Einfach ekelhaft war das. Als er mir auch noch an die Brust fasste, stieß ich ihn samt seinem Stuhl um, und er knallte rückwärts auf den Boden. Danach wollte ich nicht mehr in seine Nähe, aber ich war die Böse. Ich hatte ihn verletzt. Hätte ich es meiner todkranken Mutter sagen sollen? Ihr berichten, wie ihr eigener Vater drauf war? Hätte ich womöglich erfahren, dass er mit ihr früher das Gleiche gemacht hat? Nein, ich schob das weg. Und mit meinem Vater konnte ich über so etwas sowieso nicht reden. Ich schwieg und fraß alles in mich rein.

Am Ende des Jahres holte meine Mutter mich an ihr Sterbebett. Sie bat um ein Blatt Papier und einen Stift. Ich setzte mich zu ihr, sie streichelte mir über den Kopf und sagte mit schon sehr leiser Stimme, sie wolle jetzt ihr Testament schreiben, weil sie bald gehen müsse. Als ich anfing, fürchterlich zu weinen, erzählte sie mir von ihrem Nahtoderlebnis bei der Operation. Als sie dieses weiße Licht sah, einen Lichttunnel, und alles so leicht war. Sie habe jetzt keine Angst mehr zu sterben, weil sie wisse, wo sie hingehe. Auch ich solle keine Angst haben, sie werde immer in meiner Nähe sein und auf mich aufpassen. Dann bat sie mich, stark zu sein und Papa und Lisa aufzufangen, für sie da zu sein. Papa schaffe das alleine nicht, er müsse wieder heiraten. Sie wollte mein Versprechen, seine neue Frau zu akzeptieren und mich nicht einzumischen. Sicher gab ich ihr das, nur weiß ich mittlerweile, welche Last ab da auf meinen Schultern lag und mein weiteres Leben beeinflusste. An diesem Tag starb meine Mutter, sie ist nur 33 Jahre alt geworden. Ich hielt bis zu ihrem letzten Atemzug ihre Hand, war mit ihr alleine im Zimmer, mein Vater konnte es nicht.

Die nächsten zwei Jahre habe ich irgendwie überstanden.

Nachts hatte ich Albträume, sah die leeren Augen meiner Mutter, fühlte ihre kalte Haut. Doch ich blieb stark, musste es ja sein. Nach außen zumindest. Ich hatte es meiner Mutter am Sterbebett versprochen.

Inzwischen machte ich eine Lehre, kümmerte mich um den Haushalt, sorgte dafür, dass mein Vater und Lisa immer saubere, gebügelte Kleidung hatten. Oft endete mein Tag spät in der Nacht, eine Jugend hatte ich längst nicht mehr. Und dann kam die Frau, die meine Stiefmutter werden sollte. Roswitha war einige Jahre jünger als mein Vater, geschieden. Beim Kennenlernen zeigte sie sich von ihrer besten Seite, ihr war klar, dass Vater uns ein gewisses Mitspracherecht einräumte. Sie kam immer häufiger, und wir verstanden uns gut. Sie war nett, zu mir, zu Lisa und zu meinem Vater. Schließlich heirateten die beiden, denn mein Vater hielt in dieser Hinsicht auf Ordnung. Doch was ich in meinen schlimmsten Träumen nicht erwartet hätte: ab dem Tag der Hochzeit drehte sich Roswitha wie ein Fähnchen im Wind. Vorbei waren die Nettigkeiten, meine Stiefmutter zeigte ihr wahres Gesicht. Heute ist mir klar, dass auch sie krankhafte narzisstische Züge hatte. Sie machte mir fortan das Leben schwer, alles was ich bisher getan hatte, war nichts wert, und das, was ich jetzt tat, stellte sie als ihr gegenüber böse hin. Sie brachte es tatsächlich fertig, meinen eigenen Vater gegen mich aufzubringen. Und das tat weh, sehr weh. Vor allem, dass mein Vater ihr mehr glaubte als mir. War das die Dankbarkeit für all das, was ich die ganzen Jahre geleistet hatte? Zum ersten Mal in meinem Leben fühlte ich mich benutzt beziehungsweise ausgenutzt und ungeliebt. Sobald ich mit 18 meine Ausbildung zur Kosmetikerin abgeschlossen hatte, verließ ich mein Elternhaus. Möglichst weit weg von zu Hause hatte ich eine Stelle angenommen. Glücklich war ich darüber nicht, aber ich sah keine andere Möglichkeit. Mir blieb erneut nichts anderes, als stark zu sein, ich war ja auf mich alleine gestellt.

Zu der Zeit trat der eine oder andere Mann in mein Leben, doch ich suchte mir immer wieder eher schwierige Typen aus, hatte wohl ein Helfersyndrom. Ob das Jürgen war, der sich nicht von seiner Mutter lösen konnte, oder Roman, der dem Alkohol zugeneigt war und mich irgendwann mit seiner Eifersucht erdrückte. Die Trennung von Roman, mit dem ich einige Zeit zusammenlebte, war nur in einer Nacht- und Nebelaktion möglich, weil er mich bedrohte. Das ging sogar so weit, dass ich zuletzt mit einem Messer unterm Kopfkissen schlief, aus Angst, er könnte mir etwas antun. Doch auch das habe ich letztlich überstanden.

Bindungstraumata in der Kindheit

Die Kindheit und Jugend von Sonja folgt dem klassischen Aschenputtel-Muster. Die Zeit ist geprägt von einer liebevollen Beziehung zur Mutter, die aber sehr früh durch deren Tod endet. Auf den Vater ist kein Verlass und die Stiefmutter erfüllt alle negativen Kriterien, die man landläufig Stiefmüttern unterstellt. Statt Achtung erfährt das Mädchen Entwertung und Ablehnung. Ihr Bedürfnis nach Liebe und Trost versteckt sie hinter Leistung und Anpassung, sie reißt sich zusammen. Auf ihre Wünsche und Gefühle nimmt keiner Rücksicht, sie ist nur dafür gut, um zu dienen. Diese Erfahrung nach dem Verlust der geliebten Mutter ist umso schlimmer, da ihr nun auch deren Zuspruch fehlt, der einzige, den sie je erlebte. Und sie bekommt keine Würdigung für ihre Aufopferung und Unterstützung von Vater und Schwester, was sie als schwere Kränkung erlebt.

Der Mutterverlust ist ein traumatisches Erlebnis, besonders in einem Alter, in dem die Tochter die mütterliche Unterstützung braucht, um sich einerseits zur Frau zu entwickeln, andererseits ihre kindlichen Wünsche nach Zuwendung zu stillen. Da sie weder vom Vater noch von der Schwester Trost erfährt, bleibt Sonja mit ihrer seelischen Verletzung alleine und hat keine Chance, den Tod der Mutter zu verarbeiten. Wir wissen aus der Traumatherapie, dass Stresssituationen, wie ein Todesfall, für den Organismus eine enorme Belastung darstellen, vor allem, wenn der Mensch keine Möglichkeit hat, diesen Stress beispielsweise durch Trauerarbeit abzubauen. Dann bleibt im Nervensystem ein hohes Stressniveau erhalten, das auch im Erwachsenenalter in Belastungssituationen massive Angst- und Bedrohungsgefühle auslösen kann. Die Seele bleibt quasi in dem Schrecken stecken und erinnert sich immer wieder daran, wenn es im Leben schwierig wird. Das führt dann oft zu extremen Gefühlsausbrüchen und einem unangemessenen Verhalten, wie z. B. jemanden anzugreifen, von dem man sich verletzt fühlt, ihn verbal zu attackieren oder sogar handgreiflich zu werden. Oder es kommt zu einem unangemessenen Anklammerungsverhalten, das aus dem ungestillten Bedürfnis nach Schutz und Unterstützung und der Verlassenheitsangst resultiert. Dieses Festhalten und Anklammern ist sowohl bei Sonja als auch bei anderen Frauen in narzisstischen Beziehungen auffällig und mit ein Grund, warum sie sich erst so spät aus diesen Beziehungen lösen können. Eine Trennung zu ertragen ist schlimmer, als das Leben mit einem unberechenbaren Mann auszuhalten. Immerhin bietet seine Anwesenheit eine Art Unterstützung und (brüchigen) Halt.

Die Bindungsfähigkeit von Sonja wird nicht nur durch den Tod der Mutter beeinträchtigt, sondern auch dadurch, dass es keine Bezugsperson gibt, die sich einfühlsam auf sie bezieht. Die Mutter ist aufgrund ihrer Krankheit nicht dazu in der Lage und der Vater auch mehr mit sich beschäftigt als mit den Bedürfnissen der Tochter. Erschwerend kommen die sexuellen Übergriffe des Großvaters hinzu, denen Sonja schutzlos ausgeliefert ist. Sie kann sich in ihrer Not an niemanden um

Hilfe wenden und bleibt allein mit ihrem Schmerz, ihrer Angst und ihrer Einsamkeit. Es gibt keinen Trost, keine Unterstützung, keine offene Kommunikation über die Krankheit und den bevorstehenden Tod, um das Schreckliche zu verarbeiten und einen Raum für ihre Gefühle zu öffnen. All das aber bräuchte Sonja dringend, um sich von ihrer Mutter zu verabschieden und sich emotional zu entlasten. Und sie bräuchte jemanden, dem sie von den Übergriffen des Großvaters erzählen könnte. Stattdessen wird sie beschimpft, weil sie ihren Großvater gestoßen hat. Sonja lernt früh, durch Leistung und Sich-Zusammenreißen zu überleben. Ein Muster, das ihr ihre Eltern vorleben und sogar direkt von ihr verlangen. Das Motto heißt: Nichts spüren, sondern funktionieren, keine Bedürfnisse haben, sondern leisten und für Vater und Mutter sorgen, weil der Vater zu schwach und die Mutter krank ist. Hier beginnt Sonjas Parentifizierung, was bedeutet, dass sie die Rolle eines Elternteils übernimmt und zur Mutter für die Eltern wird. Einerseits unterstützt sie ihre Mutter während der Krankheit, zum anderen muss sie nach deren Tod dem Vater und der Schwester die Mutter ersetzen. Durch das Versprechen auf dem Sterbebett, das ihr ihre Mutter abnimmt, hat sie keine Wahl, diese Rolle infrage zu stellen oder abzulehnen.

»Dann bat sie mich, stark zu sein und Papa und Lisa aufzufangen, für sie da zu sein. Papa schaffe das alleine nicht.«

So wird sie zur Versorgerin des Vaters, obwohl sie selbst Sorge bräuchte. Sie fängt an, ein falsches Leben zu leben, nämlich eins, wie es ihre Mutter von ihr wollte: für die anderen da zu sein, sie zu unterstützen und die eigenen Bedürfnisse hintanzustellen oder sogar zu verleugnen. Durch das Vertauschen der Rollen von Erwachsenen und Kind muss Sonja auf ihr Kind-Sein verzichten und viel zu schnell erwachsen werden. Das bedeutet auch, mehr zu funktionieren als zu fühlen. Die perfekte Leistung wird zur einzigen Quelle, um den eige-

nen Selbstwert zu steigern und eine Art von Identität zu erwerben. »Ich bin, wenn ich für andere sorge, mich nicht wichtig nehme und alles richtig mache.«

Verschärft wird diese Entwicklung durch die Ablehnung
der Stiefmutter, die ihr das Gefühl gibt, nichts wert zu sein.
Emotional lebt Sonja wie ein Aschenputtel in dem Gefühl,
überflüssig, minderwertig und nie gut genug zu sein. Nur
über Arbeit, Anpassung und Verzicht kann sie sich ihre Exis-
tenzberechtigung erwerben.

Diese Entwicklung hat den Grundstein gelegt für eine verletzte Seele,
– die nach Liebe und Anerkennung hungert;
– die glaubt, nur geliebt zu werden, wenn sie sich für den anderen aufopfert;
– die im Grunde nicht viel von sich hält;
– die den anderen braucht, um sich wertvoll zu fühlen;
– die sich ausbeuten und ausnutzen lässt für ein bisschen Zuwendung.

Die Heirat mit Herbert ist aus dieser Sicht ebenso verständlich wie die narzisstische Beziehung zu Frank, die danach
folgt.

Die Ehe

*Mit 25 lernte ich meinen zukünftigen Mann Herbert kennen.
Eigentlich war er gar nicht mein Typ, aber genau das fand ich
am Anfang gut. Er war anders als alle anderen, dabei durchaus etwas schüchtern und konservativ. Jemand, auf den ich
mich verlassen konnte. Herbert war vier Jahre älter als ich,
verdiente gut als Techniker und machte einen sehr bodenstän-
digen Eindruck. Seine Vorstellungen von einer Beziehung und
auch der Wunsch nach einer Familie gefielen mir. Wir waren*

wohl beide auf der Suche nach Liebe und Geborgenheit. Ich hatte den Eindruck, bei ihm könnte es passen. Wir trafen uns immer öfter und es kamen immer mehr Emotionen ins Spiel. Ich fühlte mich bei ihm wohl. Nur meine Tante meinte, dass er überhaupt nicht zu mir passen würde, ich solle mir doch jemand anderen suchen. Nun, aber wie das so ist mit Ratschlägen, sie werden häufig ignoriert. Ich wollte endlich einmal ankommen. Stabilität in mein Leben bringen. Herbert und ich kannten uns gerade ein Jahr, als wir heirateten. Es fühlte sich damals gut an. Allerdings hätte mich stutzig machen müssen, dass er noch bei seinen Eltern wohnte, ich ihn also aus seinem familiären Umfeld holen musste. Er war daher auch kein Frauenkenner, sondern ein sehr nüchtern und sachlich denkender Mann.

Nach etwas mehr als einem Jahr Ehe kam unsere Tochter Julia zur Welt. Da ich der Meinung war – Emanzipation hin, Emanzipation her –, dass es für ein Kind das Beste ist, blieb ich zu Hause und fand das auch gut so. Und für meinen Mann war das selbstverständlich. Zu Herberts konservativer Einstellung gehörte auch, mit seiner Familie im eigenen Haus zu wohnen. Also wurden Baupläne geschmiedet und in den folgenden Jahren umgesetzt. Allerdings wurde mir bereits in dieser Zeit klar, dass meine Tante recht hatte. Es passte eben nicht wirklich. Mein Mann war sehr viel unterwegs, ich schmiss den Haushalt und sorgte natürlich dafür, dass sein Koffer gepackt war, wenn er ins Ausland musste. Das kleine Kind verlangte mir einiges ab und es fehlte der Schlaf. Ich war wieder alleine mit allen Aufgaben und Problemen, etwa wenn meine Tochter krank wurde oder es mir nicht so gut ging. Ich hatte keinen Freiraum, es gab keine Oma, keinen Opa, die mir für ein paar Stunden hätten Luft verschaffen können. Ich fühlte mich sehr oft ausgelaugt. Selbst wenn mein Mann zu Hause war, ging seine Arbeit vor. Dieses Bild von ihm hat sich mir eingeprägt: er von hinten am PC. Irgendwann hasste ich diesen Anblick. Wie oft habe ich mir einen gemütlichen Abend zu zweit gewünscht, ein gutes Essen genießen, bei einem Glas Wein zusammensitzen und nette Gespräche führen. Doch wir konnten ohnehin nicht gut miteinander reden. Meine Gefühle musste ich mit mir selber ausmachen. Es gab keine Schulter zum Anlehnen, keinen Arm, der einen auffängt. Herbert sah sich als zahlenden Part in dieser Familie und meinte oft, es gehe uns ja gut und bei anderen würde es auch nicht anders laufen. Meine Hoffnungen, meine Vorstellungen von einer Familie hatten sich nicht erfüllt, das machte mich unglücklich. Ich hatte mir einen Mann gewünscht, der seinen Kindern mehr Interesse und Liebe zeigte, als mein Vater das getan hat. Oft dachte ich im Laufe der Jahre über Ähnlichkeiten zwischen Herbert und meinem Vater nach, da er sich kein bisschen anders verhielt. Da hatte mich wohl meine Vergangenheit wieder eingeholt.

Partnerwahl

Sonja spürt es selbst: Sie hat ihren Vater geheiratet, obwohl sie jemand ganz anderen suchte. Die Partnerwahl ist häufig mit großen Hoffnungen verbunden. Nicht nur mit dem Wunsch, dass die Beziehung lange glücklich Bestand haben möge, sondern auch, dass mit gerade diesem Partner bisher unbefriedigte Wünsche und Bedürfnisse erfüllt werden. Sonja sucht einen Mann, der ihr eine Schulter zum Anlehnen bietet und der sie auffängt. Im Grunde das, was sie schon als Mädchen von ihrem Vater gebraucht hätte. Sie will ankommen und sehnt sich nach Stabilität, was sie bei Herbert vermutet zu bekommen.

Doch ein guter Beruf des Mannes garantiert noch keine Sicherheit für die Beziehung, außer vielleicht eine finanzielle. Herbert ist emotional unselbstständig, bis zu seiner Ehe lebte er bei seiner Ursprungsfamilie. Er sucht bei Sonja dasselbe, was sie bei ihm sucht, nämlich Halt und Versorgung und bekommt es ebenso wenig wie sie. Hier bewahrheitet sich, dass Menschen bei ihrer Partnerwahl einen Menschen bevorzugen, der dem Elternteil ähnelt, von dem sie als Kind zu wenig Zuwendung und Unterstützung erhielten. Die Enttäuschung ist also für beide vorprogrammiert, denn sie müssen sich eingestehen, dass sie sich ineinander getäuscht haben. Herbert jedoch leugnet das Beziehungsproblem. »Bei anderen läuft es auch nicht anders« soll heißen: Ich bin nicht bereit wahrzunehmen, dass wir uns nicht genug Sicherheit und Liebe geben, und als Mann und Frau keine erfüllende Beziehung leben können. Statt auf seine Frau und sein Kind zu schauen, versteckt er sich hinter seinem PC, was zwar alles noch schlimmer macht, aber für ihn die scheinbar einzige Lösung darstellt, mit der Situation umzugehen. Sonja ihrerseits verfällt in ihr altes Muster und trägt mehr oder weniger geduldig, aber unglücklich die Last der Familie und der Beziehung.

Das Bild von ihrem Mann vor dem PC ist sehr treffend für die Beziehungslosigkeit, die sich zwischen ihnen entwickelt hat. Sie sind nicht in Kontakt, sehen sich nicht, jeder ist mit etwas anderem beschäftigt.

Die Monate und Jahre vergingen und ich war verrückt nach meiner Tochter. Ich habe mich rund um die Uhr mit ihr beschäftigt, war ja auch oft alleine. Und wir hatten so viel Spaß miteinander, Julia und ich.

Unsere Ehe lief nicht gut, doch Julia zuliebe versuchte ich stark zu sein und irgendwie hoffte ich, mit einem zweiten Kind unsere Ehe retten zu können oder zumindest aufrechtzuerhalten. Als Johannes zur Welt kam, war ich 33, so alt, wie meine Mutter war, als sie starb. Es war ein schwieriges Jahr voller Ängste und Spannungen für mich. Oft befürchtete ich, es könnte mich dasselbe Schicksal ereilen. Vielleicht wollte ich auch deshalb noch mal ein Kind bekommen – ein neues Leben. Doch nach der Geburt unseres zweiten Kindes war es mit unserer Ehe vorbei, statt dass sie sich besserte. Mein Mann konnte sich nach wie vor mit der Vaterrolle nicht anfreunden, ich fühlte mich komplett im Stich gelassen. Erschwerend kam hinzu, dass Johannes von Anfang an unser Sorgenkind war. Er war kränklich, oft in der Klinik und hat keine Nacht durchgeschlafen. Aufgrund seiner körperlichen Probleme war er ständig in meiner Nähe, auch nachts, was uns zusammenschweißte. Ich versuchte beiden Kindern gerecht zu werden und verausgabte mich völlig. Ich magerte ab, fühlte mich elend und manchmal hatte ich keine Kraft mehr und keinen Lebenswillen. Wenn meine Kinder nicht gewesen wären, ich weiß nicht, was passiert wäre. Doch in solch schlimmen Momenten rief ich mir einen Satz meiner Mutter ins Gedächtnis: »Kind, nichts im Leben ist vergeblich, auch wenn es schmerzlich ist. Den Sinn erkennt man oft erst viel später. Und merk dir eines, wenn eine Tür zugeht, geht eine andere wieder auf.« Das gab mir dann wieder die Energie, weiterzumachen. Meine Tochter Julia stand mittendrin zwischen den gesundheitlichen Problemen ihres Bruders und den Problemen ihrer Eltern. Sie wurde schon früh ein starkes Mädchen, unterstützte mich, wo es ging, und kümmerte sich liebevoll um Johannes. Allerdings gingen all diese Spannungen in unserer nach außen heilen Familie auch an ihr nicht spurlos vorbei. Und so entzog sie sich bereits im Teenageralter und verbrachte die meiste Zeit bei ihrem ersten Freund. Es war letztendlich auch eine Flucht, sie konnte es wohl nicht mehr ertragen.

Mein Mann und ich lebten nur noch nebeneinanderher, eine richtige Ehe mit einem funktionierenden Sexualleben war das schon längst nicht mehr. Und das blieb so bis zu dem Tag, an dem ich ging, da war mein Sohn Johannes 14 Jahre alt. 14 Jahre lang hatten wir keinen Sex, gab es keine Zärt-

lichkeiten, nichts. Als ich Herbert einmal darauf angespro-
chen habe, ob er das für normal halte, meinte er nur, bei
anderen sei das auch nicht anders. Den Satz kannte ich von
ihm. Wobei: Im Grunde wollte ich auch keinen Sex mehr mit
ihm. Wir hatten uns so weit voneinander entfernt. Die Ent-
täuschung saß aber trotzdem tief in mir. Schlimmer als die
Enttäuschung darüber, nicht als Frau wahrgenommen zu
werden, war für mich, dass er seine Vaterrolle nicht ausfüllte.
Meine Kinder taten mir leid.

Die Devise meines Mannes: »Ich baue ein Haus, pflanze
einen Baum und zeuge einen Sohn«, hatte sich erfüllt, aber
eben nichts darüber hinaus. Wie oft habe ich ihm gesagt, dass
die Kinder irgendwann groß sind und es dann zu spät ist, eine
Beziehung zu ihnen aufzubauen. Und manchmal habe ich
auch zu ihm gesagt: »Wenn Johannes aus dem Gröbsten raus
ist, werde ich gehen.« Wegen der Kinder habe ich so lange
ausgehalten.

Hausfrau und Mutter

Die Kinder werden Sonjas Lebensinhalt und so lebt sie lange
Jahre ein Mutterleben ohne Partner. Das bedeutet für sie
auch, alle Schwierigkeiten allein zu lösen: die Erziehung von
zwei Kindern, mit deren Problemen und Besonderheiten umzugehen und die Krankheiten des Jüngsten auszuhalten. Allerdings fällt auf, dass sie nach der Tochter noch ein Kind
bekommt, obwohl der Vater schon beim ersten Kind fehlte.
Haben sie nicht über weitere Kinder und die Rolle als Paar
gesprochen? Es wirkt, als würden sie und ihr Mann in zwei
unterschiedlichen Welten leben ohne ein echtes Wir. Sie sind
weder Eltern noch Partner. Herbert verweigert seine Vaterrolle, beschäftigt sich kaum mit den Kindern, ist aber auch
nicht Mann für seine Frau. Die Tochter Julia tritt an die Stelle

des Vaters, indem sie sich um ihre Mutter und den kleinen Bruder kümmert. Sie ist in dem Moment nicht Kind, sondern übernimmt Elternfunktionen, sie wird also parentifiziert, so wie es Sonja nach dem Tod ihrer Mutter erlebte. Auch Julia verliert einen Teil ihrer Kindheit, wird vorzeitig vernünftig und ist überfordert. Diese narzisstische Ausbeutung bedeutet, die Bedürfnisse des anderen zu erfüllen und auf die eigene Befriedigung zu verzichten. Das ist sicher ein Grund, weshalb Julia sich sehr früh in eine Beziehung »rettet«, um sich auf diese Weise dem Elternhaus entziehen zu können.

Wer wie Sonja Ausbeutung in seinen frühen engen Bindungen erlebte, für den sind Beziehungen auch später oft keine Bereicherung, sondern eine Pflicht, sich um andere zu sorgen. Sonjas Burnout ist vorprogrammiert – in ihrer Ehe und später in ihrer Partnerschaft mit Frank.

Das Stehvermögen von Sonja ist enorm. In ihrer Herkunftsfamilie lernte sie, stark zu sein, das Leid anderer auf ihre Schultern zu packen und durchzuhalten, hauptsächlich für die anderen. Früher für Vater und Mutter, später für ihre Kinder, am Ende für den Partner. Alles, um ein Familienideal zu verwirklichen, das es realiter weder in ihrer Herkunftsfamilie noch in ihrer Ehe gab. Dabei brennt sie völlig aus, weil sie nach dem Muster lebt: sich um alle kümmern, es jedem recht machen, alle emotional »bedienen«. Da sie zuerst die Bedürfnisse der anderen stillt und ihre Pflichten erfüllt, kommt sie nicht dazu, an sich zu denken. Diese Idee entsteht, wie wir gleich hören werden, als sie sich auf Frank einlässt: einmal an mich denken. Sicher ist das ein selbstverständlicher Wunsch, der zu einem erfüllten Leben dazugehört. Bei ihr resultiert er aber aus der völligen Erschöpfung und inneren Leere, die sie mit der neuen Beziehung versucht zu stillen. Wie eine Ertrinkende, die sich an einem Stamm festhält und glaubt, nun gerettet zu sein. Das macht sie sehr anfällig für narzisstische Verführer.

22 Jahre habe ich funktioniert, habe gelitten und ausgehalten, viel zu lange, bis es dann einfach nicht mehr ging. Bis mich dieses »Aushalten« krank gemacht hat. Meine Hausärztin sagte irgendwann zu mir, sie könne mir noch so viele Tabletten für das eine oder andere Wehwehchen aufschreiben, doch mein Grundproblem müsse ich alleine lösen. Und wenn man ein Problem nicht lösen kann, dann muss man sich von dem Problem lösen. Mein Problem war, dass ich total unglücklich war. Betrogen habe ich Herbert allerdings nie. Schon wegen der Kinder kam das für mich nicht infrage. Was er gemacht hat, weiß ich nicht, es interessierte mich auch nicht mehr. Erst nachdem ich ihm endlich gesagt hatte, dass ich gehen werde, kam ein anderer Mann in mein Leben. Und auch das weiß ich aus heutiger Sicht: Es ging viel zu schnell.

Die Rolle der Kinder

Um Probleme zu lösen, müssten Sonja und Herbert in Kontakt gehen und miteinander sprechen, aber das geschieht ebenso wenig wie es in ihrer Herkunftsfamilie der Fall war. Alles Schwierige wird verschwiegen und verdrängt.

Oft versuchen Paare, ihre Beziehung mithilfe eines Kindes zu retten. Auch Sonja hat wohl zu diesem Strohhalm gegriffen. Doch ein solcher Schritt bleibt meist erfolglos, vor allem aber bedeutet er eine Ausbeutung des Kindes für die eigenen Bedürfnisse. Johannes ist ein kränkliches Kind, was möglicherweise auch eine Folge der massiven Ängste ist, unter denen Sonja während der Schwangerschaft litt. Als sogenanntes Sorgenkind wird Johannes zum personifizierten Problem, das von der eigentlichen und grundlegenden Krise ablenkt. Sonja sieht sich nicht nur konfrontiert mit einer gescheiterten Beziehung, einem kranken Kind, sondern auch mit ihrem Kindheitstrauma und einer unerfüllten Weiblichkeit. Und dennoch oder gerade deswegen bleibt sie in der Ehe.

»Wegen der Kinder habe ich so lange ausgehalten« – so wie sie alles wegen Vater, Mutter und Schwester ausgehalten hat.

Sonja hat sich den Partner nach dem Sicherheitsprinzip ausgesucht und nicht nach dem Lustprinzip.[6] Das Erste bekommt sie nur in materieller Hinsicht und auf das Zweite muss sie auch verzichten, weil es im »Beziehungsprogramm« nicht vorgesehen ist. Somit scheitert sie auf allen Ebenen und wird immer unglücklicher.

Es war endlich ausgesprochen, was ich schon viel früher hätte sagen sollen. Meine inneren Kämpfe waren mir wohl lange Zeit nicht anzusehen. Herbert hat nie begriffen, was ich physisch und psychisch leisten musste und wie sehr mir seine Unterstützung fehlte.

Mein Mann konnte es nicht verstehen, dass ich alles aufgeben wollte. Nach außen waren wir doch eine tolle Familie. Wir hatten uns ein schönes Zuhause geschaffen, gemeinsam ein Haus gebaut. Aber was nützt das schönste Heim, wenn man total unglücklich ist? Wenn man das Gefühl hat, nicht mehr zu leben? Ich hatte mir das bei der Hochzeit alles ganz anders vorgestellt.

Herbert war ja fast nie da und wenn er da war, war er abwesend. Ich musste aus diesem Teufelskreis der Gefühle heraus. Ich wollte wieder in die Zukunft blicken können und ja, ich wollte wieder glücklich sein. Innerlich war ich schon lange weg, und nun gab es für mich kein Zurück mehr. Auch wenn ich noch nicht wusste, wie nun alles werden würde, wohin ich gehen sollte.

Aufbruch in eine neue Beziehung

Suche im Netz und Kennenlernen

Nun kam auch diese Sehnsucht in mir hoch, die Sehnsucht nach einem Mann, der mich versteht. Der mich auffängt, der mich liebt und als Frau wahrnimmt. Mittlerweile war ich 47 und fühlte mich nach wie vor jung. Und ja, ich hatte auch wieder Lust auf Sex. Ich hatte so lange darauf verzichtet, ich wollte wieder leben. Meinen Körper spüren, Hautkontakt haben, Nähe fühlen, einfach wieder glücklich sein. Und am Allerschönsten wäre es, sich wieder verlieben zu können. Dieser Wunsch saß tief, und deshalb meldete ich mich in einem Internetportal an. Wie sonst hätte ich einen Mann kennenlernen sollen? Irgendwie verrückt, eigentlich hätte ich mir Zeit für mich nehmen sollen, aber ich wollte ein bisschen Liebe und Zärtlichkeit. Diese Dating-Plattform lieferte mir eine ganze Bandbreite an Männern – und einer war dabei, der mich interessierte.

Frank war gut aussehend, etwas älter, aber sportlich, und er wirkte sympathisch. Allerdings stellte er hohe Anforderungen an eine Partnerin, weil er, wie er mir einmal sagte, schon oft auf »Luschen« hereingefallen sei. Daher prüfe er jede Frau genau, ob sie wirklich so sei, wie sie sich im Netz präsentiere. Da könne man ja viel täuschen und tarnen. Dass aber er es war, der täuschte, sollte ich erst viel später erleben.

Als Lusche fühlte ich mich nun wirklich nicht, auch wenn mein Selbstbild als Frau doch sehr im Keller war. Aber ich wusste, dass ich meine Reize gut in Szene setzen kann.

Ich war ganz aufgeregt, denn er entsprach in vielen Punkten meinen Vorstellungen von einem attraktiven Mann. Sein Foto gefiel mir, sehr sogar. Noch dazu war er Geschäftsmann, verdiente also wohl richtig gut und musste dann ja auch ein perfektes Auftreten haben. Alles Dinge, die mir wichtig sind.

Immer wieder schaute ich mir sein Profil an und endlich entschied ich mich, diesen Mann zu kontaktieren. Also schickte ich ihm ein Foto und schrieb ein paar Zeilen dazu. Und dann kamen die Zweifel: Was, wenn er sich nicht meldet, wenn ich ihm nicht gefalle oder einen falschen Ton in meiner Mail getroffen habe? All das nagte ziemlich an mir, aber die Erlösung kam, als er einige Tage später antwortete.

Mein Bild habe ihn sehr angesprochen und er würde mich gerne kennenlernen. Wann er mich denn mal anrufen könne?

Boah, ich war platt und hatte das Gefühl, den Hauptgewinn gezogen zu haben. Und nach dem Telefonat war es um mich geschehen.

Nie werde ich vergessen, wie mich seine sanfte Stimme anmachte, seine lieben, vermutlich aber gezielt gesetzten Worte, mit denen er mein Herz schon vor dem ersten persönlichen Kennenlernen öffnete. Wir verstanden uns auf Anhieb, er konnte so liebenswürdig sein und umgarnte mich von Anfang an mit Komplimenten. Ja verdammt, es tat so gut und ich fühlte mich mehr als geschmeichelt, dass er mich als tolle Frau bezeichnete. Er beschrieb mir seine Wunschvorstellung von einer Beziehung, sprach von seiner Suche nach der großen Liebe, von der Sehnsucht, Schönes zu teilen, von romantischen Spaziergängen bei Sonnenuntergang am Strand und, und, und. Er muss sofort gespürt haben, dass ich genau darauf anspringe. Nun wurde ich natürlich noch neugieriger auf diesen Mann, der mir sehr gefühlvoll erschien. Es folgten mehrere Anrufe, in denen er es darauf anlegte, mich »schwach« zu machen. Er schrieb mir SMS, wie ich sie noch nie in meinem Leben bekommen hatte. SMS, die unter die Haut gingen, die berührten und mir das Gefühl vermittelten, dass er sich genau wie ich einsam und in seiner Ehe unverstanden fühlte, sich nach Liebe und Zärtlichkeit sehnte und eine Frau für den Rest seines Lebens suchte, mit der er alles teilen konnte und das Glück am liebsten verdoppeln. Auch seine Ehe bestand nur noch auf dem Papier. Ein genialer Schauspieler eben, wie er im Laufe der Jahre unter Beweis stellte. Ich konnte es gar nicht erwarten, wieder eine SMS von ihm zu bekommen, sie ließen mich irgendwie schweben und machten fast süchtig.

Die Verführung

Frank hat leichtes Spiel, denn als Verführer spürt er sofort den Hunger und die ungestillten Bedürfnisse von Sonja. Durch den Mann verführt zu werden, ist der Dreh- und Angelpunkt ihrer Beziehung. Verführung dient dazu, einerseits Kontakt herzustellen und die Frau für sich einzunehmen. Zum anderen ist es ein Mittel, um Macht über die Frau auszuüben, sie abhängig zu machen und selbst autonom bleiben zu können. Verführer verschenken Träume, mit denen sie der Frau Bedeutung verleihen, ihren Selbstwert stärken und ihr Selbstbild aufpolieren. Bei Frank wirken seine sanfte Stimme, die schmeichelnden Worte und gut gesetzten Sprüche verführerisch. Das Ganze toppt er durch Komplimente, wie toll sie sei, obwohl er sie noch nie gesehen hat. Der Fantasie einer gemeinsamen romantischen Liebe im Sonnenuntergang kann sie nicht widerstehen. Das sind zwar alles Stereotype, wie sich später herausstellt, dennoch verfehlen sie ihre Wirkung nicht, weil Sonja bereit ist, sich verführen zu lassen. Sie glaubt wirklich, dass er sie meint, weil sie es glauben will. Endlich ein Mann, der sie versteht, der sie liebenswert findet und sich für sie interessiert. Ins Gewicht fällt auch, dass sie ihn als gefühl-

voll erlebt, also genau das, was sie bei ihrem Vater ebenso
wenig erlebt hat wie bei ihrem Ehemann. Unbewusst steuert
diese Tatsache ihre Partnerwahl, denn es ist das Signal, nun
»den Richtigen« gefunden zu haben und nicht wieder enttäuscht zu werden.

*Nach zwei Wochen vieler Gespräche, mit SMS zum Dahin-
schmelzen, die auch mich zu SMS verleiteten, wie ich sie nie
zuvor an einen Mann geschrieben hatte (den ich zudem noch
gar nicht persönlich kannte), schlug Frank einen Termin für
unser erstes Treffen vor. Oh Gott, wie war ich aufgeregt, ich
hatte kaum geschlafen, es kribbelte in meinem ganzen Körper, wenn ich nur an ihn dachte. Adrenalin floss durch meine
Adern und meine Gedanken kreisten um dieses Treffen. Ich
stand ewig vor dem Kleiderschrank, probierte dies und probierte das. Ich wollte gut aussehen, ich wollte, dass er mich
attraktiv fand. Da ich durch den Trennungsstress abgenommen hatte, entschied ich mich, meine weiblichen Vorteile
dezent in Szene zu setzen. Ich wählte ein legeres Kleid, das
sexy war und zugleich Stil hatte. Da wir in unterschiedlichen
Orten wohnten, verabredeten wir uns in einem Café, das
halbwegs in der Mitte lag. Unterwegs kreisten meine Gedanken um ihn und wie er wohl in real sein würde. Es war so auf-
regend, ich hatte Herzklopfen und kam mir vor wie ein Teen-
ager bei seinem allerersten Date. Unterwegs erhielt ich eine
SMS, dass auch er es gar nicht erwarten könne, mich zu sehen
und vielleicht sogar schon in den Arm zu nehmen. Vor dem
Lokal wartete er dann schon und lächelte mir entgegen. Mir
fiel sofort auf, dass er sehr gut gekleidet war, er machte einen
sympathischen Eindruck. Seine gesamte Erscheinung sprach
mich an. Beim Betreten des Cafés hielt er mir die Tür auf, er
konnte also Gentleman sein. Im Laufe des Nachmittags erlebte ich ihn als äußerst charmanten, galanten, höflichen
und aufmerksamen Mann, der eine wirklich sehr angenehme*

Stimme und ebensolche Umgangsformen hatte. Ich fühlte mich von Anfang an wohl in seiner Nähe. Mehrfach machte er mir Komplimente und sagte, dass ich sehr sexy sei. Dabei legte er seine Hand auf meine, und diesen Körperkontakt empfand ich als wohltuend und auch prickelnd. Er erzählte mir, warum er auf diesem ungewöhnlichen Weg eine Frau suchte. In seiner Ehe sei er schon lange sehr unglücklich, sexuell laufe nichts mehr. Er sei bereit, mit der richtigen Frau ein neues Leben zu beginnen. Er wünsche sich eine Beziehung mit Liebe und Harmonie, aber auch sexueller Leidenschaft. Im Grunde suche er »die große Liebe«. Seine Offenheit gefiel mir. Denn ich hörte aus seinen Worten heraus, was auch ich in vielen Jahren meiner Ehe vermisst hatte. Wir verstanden uns vom ersten Moment an sehr gut und lachten viel miteinander. Sein Lachen gefiel mir, er sah dann fast aus wie ein kleiner Lausbub, der in die Jahre gekommen war. Als wir nach einigen Stunden aufbrachen, fackelte er nicht lange. Beim Abschied legte er seinen Arm um mich, blickte mir in die Augen und küsste mich. Seine weichen Lippen berührten meine und er schob mir ganz zärtlich die Zunge in den Mund. Wow, so etwas hatte ich noch nicht erlebt, ich war wie elektrisiert. Ich kann dieses Gefühl kaum beschreiben, mein Körper war komplett in Aufruhr. Es kribbelte überall, bis in die Zehen. Ganz ehrlich, hätte er mich damals gefragt, ob ich mit ihm schlafen wolle, ich hätte sofort Ja gesagt. Aber er verhielt sich sehr korrekt und brachte mich zu meinem Auto. Das Verabschieden wollte dann nicht so recht klappen, wir standen bestimmt noch eine halbe Stunde herum. Nach einiger Zeit nahm er meine Hand, küsste sie und fragte mich, ob ich mir vorstellen könne, mit ihm übers Wochenende wegzufahren. Das wäre doch die beste Gelegenheit, sich genauer kennenzulernen, er wisse auch schon, wohin. Ich solle es mir überlegen.

Ob ich mir das vorstellen konnte? Ich war ihm ja schon auf

den Leim gegangen, wie man sagt. Wir wollten am nächsten Tag miteinander telefonieren. Auf dem Heimweg konnte ich an nichts anderes mehr denken als an ihn. Es hatte mich voll erwischt. Ich drehte das Radio auf, sang und war nur noch happy. Ich fühlte mich wieder wahrgenommen, ich fühlte mich einfach gut.

Das Feuerwerk

Wenn es nicht so inszeniert klingen würde, könnte man sich mit Frank und Sonja über ihre Verliebtheit freuen. Die Schmetterlinge flattern im Bauch, jeder versucht, das beste Bild von sich abzugeben, will dem anderen unbedingt gefallen und sich auf keinen Fall eine Blöße geben. Er tritt seriös auf, punktet mit einem ansprechenden Äußeren und gezielt gesetzten Berührungen. Nicht zu viele, um sie nicht zu verschrecken und aufdringlich zu wirken, aber doch einige, um sie körperlich zu stimulieren. Sie verführt durch ihre weiblichen Reize, die sie mit ihrer Kleidung und ihrem Verhalten unterstreicht. Diese Art von Liebesspiel ist normal und immer der Beginn einer Liebschaft. Insofern wundert es nicht, dass Sonja dieses Zusammensein einfach nur genießt.

Was allerdings stutzig macht, ist das Tempo, mit dem beide sich annähern und sich füreinander entscheiden. Alles geht zu schnell, ist zu idealisiert, zu schön. Jeder scheint im anderen die Person sehen zu wollen, die er/sie sich erträumt: Er meint, die ideale Partnerin gefunden zu haben und sie »den Richtigen«. Als könnte das beim ersten Treffen und auf Kommando in Erfüllung gehen. Aber Verführung und Verlieben folgen nun einmal dem Gesetz des Alles oder Nichts.

Ich habe diese Anfangsphase daher das Feuerwerk genannt, das mit viel Brimborium eine märchenhafte Performance bietet, wenn auch nur für kurze Zeit.

»Verliebtheit, sich gegenseitig verführen, verschmelzen in der gemeinsamen Grandiosität, das ist wie ein Feuerwerk. Die Gefühle sind heiß, die Begierde ist groß, das Erlöschen folgt auf dem Fuß.« [7]

Wenn das Feuerwerk zu Ende ist, bleiben »dicke« Luft und Brandgeruch. Häufig endet hier die Beziehung, weil es den Partnern nicht gelingt, aus dem Verliebtsein eine Liebesbeziehung zu machen, »die heiße Flamme der Leidenschaft in ein sanftes Glimmen der Partnerschaft umzuwandeln«. [8]

Wie lange ein Feuerwerk andauert, hängt immer von dem jeweiligen Paar ab. Manche versuchen diese Phase sogar über das gesamte Zusammenleben auszudehnen, was eine hohe Idealisierung der positiven Erlebnisse mit dem Partner/der Partnerin voraussetzt, verbunden mit einer ausgeprägten Verleugnung all dessen, was nicht stimmt. Andere wenden sich bereits ab, sobald einer von beiden Seiten von sich zeigt, die nicht in das ideale Bild passen.

Das entscheidende Wochenende

Wie viele SMS wir seit unserem Treffen durch unsere Handys simsten, ich weiß es nicht. Aber es waren viele – geradezu zärtliche und immer mehr erotische. Wir heizten uns gegenseitig regelrecht an. Nach längerem Überlegen hatte ich meine Gewissensbisse über Bord geworfen, dem Wochenendausflug zugestimmt und meiner Familie erzählt, dass ich ein Seminar besuchen würde. Was hätte ich tun sollen, außer lügen.

Zu der Zeit lebte ich mit Herbert und den Kindern noch in unserem gemeinsamen Haus, was für mich und vermutlich auch für meinen Noch-Mann eine etwas komische Situation war. Die Wahrheit wollte ich nicht sagen, noch nicht. Denn ich hatte ja keine Ahnung, wie sich das weiterentwickeln würde. Und mit den Gefühlen meiner Kinder wollte ich sen-

sibel umgehen. Alle glaubten mir die Story mit der Fortbildung, und so packte ich meinen Koffer. Frank und ich hatten uns an einer Raststätte verabredet, dort wollte ich in sein Auto umsteigen. Im Nachhinein wurde mir klar, dass das nicht ungefährlich war. Denn was wusste ich schon von ihm? Aber zu diesem Zeitpunkt waren solche Gedanken ganz weit weg. Ich vertraute ihm und freute mich auf unser gemeinsames Wochenende. Auch gewiss in dem Bewusstsein, dass wir Sex haben würden. Denn darauf liefen die Anrufe und SMS immer mehr hinaus. So naiv war ich nun nicht, um nicht zu wissen, was er wollte. Aber ich wollte es auch. Ich war eine sexuell ausgebrannte Frau, gefühlsmäßig vernachlässigt, eine Frau, die sich nach Zärtlichkeit sehnte, die sich wünschte, begehrt zu werden und den Traum einer großen Liebe träumte. Und genau damit begann das Dilemma. Im Grunde wollte ich nichts anderes als ER, aber doch nicht so wie ER.

Wieder stand ich vor meinem Kleiderschrank und ich hatte nicht wenig darin, denn mein Äußeres war und ist mir sehr wichtig. Ich trug gerne etwas auffällige Kleidung, ich fühlte mich darin einfach wohl. Schließlich entschied ich mich für einen engen Rock und hohe Stilettos. Ich wollte ihm gefallen und nun noch mehr als beim ersten Mal. Wir würden wohl »miteinander schlafen«, das war mir die Woche über immer wieder durch den Kopf gegangen, und so hatte ich mir ein paar schöne Dessous gekauft. Ich hatte ein Faible für Reizwäsche, und ich wusste, dass es auch Frank gefallen würde. Er hatte so etwas angedeutet. Die körperliche Distanz zwischen meinem Mann Herbert und mir war all die Jahre ein Problem gewesen. Die »Chemie« zwischen uns stimmte nicht, wahrscheinlich empfand er es ähnlich. Doch bei Frank war das alles ganz anders, noch dazu waren schon jetzt Gefühle im Spiel, zumindest bei mir. Ich wollte jetzt auch einmal an mich denken.

Kaum war ich zehn Minuten unterwegs, kam schon die

erste SMS von ihm. Seine Freude schien mir so echt, dass auch meine Freude stieg, und je näher ich unserem Treffpunkt kam, umso nervöser wurde ich. Die Begrüßung war dann fast stürmisch. Unterwegs machte er mir laufend Komplimente. Er sei ganz heiß auf mich. Ich würde ihn total anmachen und er könne es gar nicht mehr erwarten. Nun erzählte er mir endlich, wohin die Reise ging. An die Ostsee in sein Ferienhaus. Wie liebte ich das Meer und den Strand und dann mit ihm allein in seinem Haus. Was für eine wunderbare Vorstellung.

Angeblich kam er in den letzten Jahren nur noch mit seinem Freund zum Segeln her. Erst Jahre später stieg der Verdacht in mir auf, dass ich nicht die einzige Frau war, mit der er hierherfuhr. Heute glaube ich, dass es vor allem sein Refugium für außereheliche Stunden war, wo er sein Ego auffrischte.

Immer wieder küsste er meine Hand, streichelte mich und schaute mich liebevoll an. Ich fühlte mich gut, ich hatte keine Bedenken und keine Angst. Im Gegenteil, es wurde mir sehr warm und meine Neugier stieg. Und ich verspürte Lust. Ich konnte es gar nicht fassen, was ich hier gerade tat. Ich ließ mich auf ein Abenteuer ein.

Sein Haus war klein, aber sehr charmant und etwas abseits gelegen. Je näher wir kamen, desto stärker wurde mein Herzklopfen, ich bekam fast einen trockenen Mund. In diesem Moment ging mir so viel durch den Kopf. Was wäre, wenn das mit uns doch nicht passte oder es im Bett nicht klappte? Ich fühlte mich auf einmal sehr unsicher, hatte ja ewig keinen Sex mehr gehabt. Vielleicht konnte ich das gar nicht mehr. Gedanken über Gedanken kreisten in meinem Kopf. Ich war ihm ja irgendwie ausgeliefert, wusste ich, wie er wirklich tickt? Doch weiter zum Nachdenken kam ich dann nicht mehr.

Sobald wir das Haus betreten hatten, ging er total auf Angriff. Er drückte mich an die Wand und fing an, mich leiden-

schaftlich zu küssen. Aber genau das wollte ich nicht, obwohl es durchaus Spaß machte und Lust auf mehr. Ich löste mich aus seiner Umarmung und meinte: »Erst mal langsam, okay?« Er lachte mich bejahend an und ließ mich los.

Es gefiel mir hier. Das Haus war nicht sehr üppig eingerichtet, aber es war alles da, was man brauchte. Und der Ausblick auf das Meer war atemberaubend. Nachdem wir alles verstaut hatten, machte er eine Flasche Champagner auf. »Lass uns anstoßen, auf ein paar schöne Stunden und Tage, ich freue mich auf dich und werde ganz lieb zu dir sein«, mit diesen Worten umarmte er mich. Durch den Alkohol wurde ich gelöster und ließ seine Zärtlichkeiten immer mehr zu. Irgendwann spürte ich seine Hand unter meinem Pulli. Mein Herz schlug so heftig, dass ich meinte, man müsse es ganz laut hören.

Ich zog mich ins Bad zurück, um mich frisch zu machen, legte mein bestes Parfüm auf, schlüpfte in meine Dessous mit Spitze und Strapsen (da steht doch jeder Mann drauf, dachte ich), und in meine hohen Pumps. Irgendwie machte es mich selber an, mich im Spiegel in diesen Dessous zu sehen. In diesem Moment war mir mehr als bewusst, wie sehr ich das auch wollte.

Als ich ins Schlafzimmer kam, überraschte er mich mit Kerzen und Teelichtern, sogar an leise Hintergrundmusik hatte er gedacht. Was für eine romantische Atmosphäre. Wer dann letztendlich wen verführte, war nicht mehr wichtig. Ich tauchte ab in eine Welt der Zärtlichkeit, voll von Liebe, Begehren und Verlangen, ich hatte das Gefühl, abzuheben, zu schweben, zu fliegen, miteinander zu verschmelzen. Noch nie in meinem Leben konnte ich mich einem Mann so vollkommen öffnen, ich hatte das Gefühl, er berühre meine Seele. Er hat mir Flügel verliehen, wir schliefen in dieser Nacht mehrmals miteinander und ich hatte wunderbare Orgasmen. Es war ein Wahnsinnsgefühl, ich konnte gar nicht genug davon bekom-

men. *Ich lernte meinen Körper neu kennen, spürte jede Pore meiner Haut, er ließ mich mit allen Fasern fühlen, wie es ist, eine Frau zu sein. Oh ja, und genau das machte süchtig. Damit gelang es ihm, mich an sich zu fesseln und das für eine lange Zeit.*

In erster Linie hatten wir an diesem Wochenende Sex, einen Wahnsinnssex. Ich fühlte mich schon fast nymphoman. Auf dem Rückweg, denn irgendwann waren auch diese Tage vorbei, sagte er, dass er Angst gehabt hatte, womöglich zu versagen. Aber es sei auch für ihn unheimlich schön gewesen, noch nie habe er sich mit einer Frau so verbunden gefühlt, nie zuvor habe er einen so intensiven und innigen Sex gehabt. Es habe ihn total umgehauen, als er spürte, wie sehr ich mich ihm hingeben konnte. Zum ersten Mal in seinem Leben habe er sich so richtig als Mann gefühlt. Oh Gott, ich konnte es nicht fassen. Ich war sooooooo verliebt, ich war so hingerissen, geradezu geblendet. Denn er vermittelte mir dieses Gefühl von Liebe, er sprach schon jetzt davon. Was er wirklich für mich fühlte, weiß ich bis heute nicht, aber damals und noch geraume Zeit empfand ich es so.

Als der Abschied nahte, wurde er sehr traurig. Die gemeinsamen Tage seien das Schönste gewesen, was er je erlebt habe, und darauf wolle er nicht mehr verzichten. Er vermisse mich schon jetzt, ich sei die Frau, auf die er ein ganzes Leben lang gewartet habe. Dieses Wochenende habe sein und mein Leben verändert. Nun bekam auch ich feuchte Augen. Es fiel uns unsäglich schwer, Abschied zu nehmen, diese Tage hatten uns so verbunden. Auf dem Nachhauseweg ließ ich das Wochenende Revue passieren, es gab nur schöne Momente, es gab nur uns. Ich war total hin und weg, dachte, was für ein wunderbarer Mann, und glaubte, das große Los gezogen zu haben.

Das Gefühl des Auserwähltseins

Der Wunsch nach Liebe, einer erfüllten Sexualität, nach Verständnis und Angenommen-Sein wird durch das Wochenende verstärkt und bereitet zum einen den Weg in die Beziehung mit Frank vor, zum anderen in die Abhängigkeit von ihm.

Während es Sonja bei Herbert in erster Linie um Sicherheit und das Ankommen in einem Heimathafen ging, tritt nun der Lustaspekt in den Vordergrund. Frank signalisiert ihr auch gleich zu Beginn ihrer Begegnung die Erfüllung ihrer sexuellen Wünsche und verführt sie damit, sich auf ihn einzulassen, obwohl er noch verheiratet ist. Er betont, seine Ehe sei am Ende.

Auch Erfolg spielt bei ihrer Wahl eine Rolle, denn mit dem Beruf des Unternehmers verbinden viele Menschen die Vorstellung von Geld und Karriere und von einem Mann, der fest im Leben steht und dem die Frau sich anvertrauen kann. Dafür hat er natürlich auch hohe Ansprüche an die Partnerin. Sie soll toll aussehen, ihm Gesprächspartnerin sein und Gespielin im Bett.

Sonja fühlt sich geehrt, einem so wählerischen Mann zu gefallen und seinen Vorstellungen zu entsprechen. Wen würde das an ihrer Stelle nicht aufwerten, wer würde das nicht als Balsam für die angeschlagene Weiblichkeit empfinden? Denn die hat im Lauf der Ehe viele Blessuren erlitten, sodass Sonja die Verführung durch den neuen Mann als Segen empfindet. Viel zu schnell jedoch stürzt sie sich in diese neue Beziehung, ohne zuerst einmal bei sich selbst anzukommen. Als würde die Zeit ohne Mann ihren Selbstwert noch mehr schwächen und das Gefühl, versagt zu haben, verstärken. Ihre Ehe ist gescheitert, ihr Wunsch, wichtig und liebenswert zu sein, unerfüllt geblieben, und auch als Mutter sieht sie sich als Versagerin, da sie den Kindern den Vater nimmt. Ein Desaster auf ganzer Linie, das scheinbar nur durch eine neue Liebe zu korrigieren ist. Dass sie sich allerdings wieder in eine Abhängigkeit begibt und sich die Liebe und Zuneigung durch Anpassung erwirbt, ist ihr zu diesem Zeitpunkt nicht bewusst.

Eine Sache kam mir allerdings an diesem Wochenende etwas seltsam vor: Als wir am letzten Abend essen waren, ließ er sich zwei Rechnungen geben, eine für mich und eine für sich. Dabei hatte ich erwartet, dass er alles übernimmt, weil er dieses Wochenende als Einladung ausgesprochen hatte. Aber kaufen lassen wollte ich mich nun auch nicht. Schon jetzt hätte ich mir ein paar kritische Fragen stellen müssen, aber ich wollte nicht weiter darüber nachdenken.

Um verständlich zu machen, warum ich mich gegen diesen Mann lange nicht schützen konnte, hier die SMS, die er mir schickte, als er zu Hause angekommen war. Geschrieben mitten in der Nacht.

*Wie die Blume ihre Blätter
strecke ich meine Liebe nach dir aus,
bin deine Rose, Tulpe, Nelke,
bin dein großer Blumenstrauß.
Ich liebe dich, mon trésor.*

Ich war hin und weg und an Schlaf war nicht zu denken. Meine Gefühlswelt war auf den Kopf gestellt, es gab für mich kein Zurück. Ich hatte einen neuen Weg eingeschlagen, konnte ohne diesen Mann nicht mehr sein, ich war hungrig nach dieser LIEBE.

Gegenseitige Bestätigung

Die Würfel sind gefallen, die Zukunft ist vorprogrammiert. Es hat beide »erwischt«, sie sind verliebt und verstehen sich sowohl sexuell als auch emotional. Es ist von ungeheurer Nähe die Rede, von Verschmelzen, von Schweben. Das Besondere ist aber die gegenseitige Bestätigung, die sie sich geben. Sie fühlt sich voll und ganz als Frau, begehrt, geliebt, angeschaut und anerkannt. Und durch ihr Einlassen auf ihn kann er Mann sein, potent, verführend und gebend. An diesem Wochenende erfüllen sie sich gegenseitig ihre sehnlichsten Wünsche, was sie stark aneinander bindet. Er erlebt eine Frau, die sich ihm völlig hingibt, und in diesem Sinne Wachs in seinen Händen ist, und sie lässt ihn erobern und steigert dadurch seine Männlichkeit. Diese tiefe narzisstische Bestätigung ist die Basis, auf der sie sich aufeinander einlassen.

In diese Phase gehört jedoch auch ein mehr oder weniger großes Quantum an Verblendung, das sich noch steigern wird und ihnen den Blick auf die Realität verstellt.

Das erste Jahr: »Ein Himmel auf Erden«

Nun trafen wir uns regelmäßig, einmal, manchmal auch zweimal die Woche. Wir gingen essen und danach ins Hotel. Die erste Zeit verließ ich ihn schon vor Mitternacht, um meinen Mann nicht unnötig zu brüskieren. Später blieb ich sogar ab und zu über Nacht. Klar hatten wir in dieser Zeit Sex, endlosen Sex, zärtlichen Sex, leidenschaftlichen Sex, verrückten Sex, alles, was uns beiden Spaß machte. Ich sah das aber nicht als puren, rein körperlichen Akt an, sondern als Erfüllung unserer Liebe. Als ein Verbundensein im engsten Sinne. Er betörte, begehrte und liebte mich, und ich gab ihm das Gleiche zurück. Wir schwebten beide auf Wolke sieben. Wenn

*wir uns trafen, klinkten wir alles um uns herum aus, vergaßen
alle Probleme. Ich konnte mit ihm lachen und mit ihm weinen, wenn wir uns wieder trennen mussten. Ja, er weinte
manchmal wie ein kleines Kind. Ich sah es als Zeichen seiner
Liebe und genoss es. Ich verwechselte diese Art von körperlicher Nähe mit Liebe.*

*Ganz schlimm war es, wenn wir wieder ein paar Tage in
seinem Haus am Meer verbracht hatten. Dann war die Bindung zwischen uns extrem eng. In diesen Tagen verwöhnten
wir uns gegenseitig, und er erwies mir viele Aufmerksamkei-
ten. So schmückte er den Dielenboden mit einer Reihe kleiner
roter Herzen oder drapierte Kerzen in Form eines Herzens. Er
überraschte mich immer wieder. Wir machten viele Fotos von
uns, auf denen wir beide um die Wette strahlten. Wenn wir
unterwegs waren und er mich spontan in den Arm nahm und
leidenschaftlich küsste, erregten wir bei Passanten Bewunderung. Vielleicht brauchte er diese Wirkung sogar, um sein
Selbstwertgefühl zu stärken? Ich kam mir manchmal vor wie
in einem kitschigen Liebesfilm.*

*Einen Abend werde ich nicht vergessen. Es war schon nach
Mitternacht, wir machten noch einen Spaziergang am Strand.
Er blieb auf einmal stehen, umarmte und küsste mich und beteuerte mir immer wieder, wie sehr er mich liebe und dass er
sich ein Leben ohne mich nicht mehr vorstellen könne und
wolle. Diesmal rannen mir als Erster die Tränen über die
Wangen. Ich war überwältigt, meine Gefühle fuhren Achterbahn. So standen wir noch eine ganze Weile und ich dachte,
wie romantisch und doch etwas unwirklich. Aber nein, es
war Realität. Wie konnte ich damals ahnen, dass noch etwas
ganz anderes in ihm steckte.*

*Die Zeit verging wie im Flug, Treffen in Hotels, Kurzurlaube
am Meer, und bald rückte mein Geburtstag immer näher. Ich
hatte so viele schöne Stunden mit ihm erlebt, da wollte ich*

einmal für diese Liebe, die er mir gab, danke sagen. Als Über-
raschung lud ich ihn nach Paris ein, die Stadt der Liebe und
der Verliebten, ein magischer Ort. Da wollte ich schon immer
einmal hin, aber nicht mit Herbert, der war alles andere als
romantisch veranlagt. Aber jetzt hatte ich ja den richtigen
Mann an meiner Seite, der sich mit seiner frankophilen Ader
dort bestimmt zu Hause fühlte. Ich konnte es gar nicht erwar-
ten, mit ihm in den Flieger zu steigen und Richtung Paris ab-
zuheben. Es war alles organisiert, und für jeden Tag hatte ich
mir etwas anderes überlegt. Wie erhofft, waren es traumhafte
Tage. Es war schön, als verliebtes Paar an der Seine entlang-
zuschlendern, den Malern beim Porträtieren zuzuschauen
und die Abendsonne auf dem Eiffelturm zu genießen. Als es
dann Richtung Heimat ging, kam wieder diese Weltunter-
gangsstimmung auf. Tränen, Sehnsucht, schon bevor wir ge-
trennt waren, und dann seine Worte: »Du bist meine große
Liebe, mon trésor, und du bist die Frau, die ich vom Fleck
weg heiraten würde. Wir müssen eine Lösung finden, ich will
diese Trennungen nicht mehr.«

Das hat mich so berührt, seine Koseworte »mon trésor«,
»mein Schatz«, schmeichelten mir. Zu Hause dachte ich nach
über all die Dinge, die wir uns über unsere Ehen erzählt hat-
ten. Wie sehr sich in manchen Punkten unsere Erlebnisse gli-
chen. Wie sehr wir beide unter diesen Beziehungen litten.
Dass er jahrelang keinen Sex mehr mit seiner Frau gehabt
hatte. Dass der Sex mit ihr nie gut gewesen war. Sondern
einfach nur langweilig. Er hatte mir von vielen massiven
Auseinandersetzungen mit ihr erzählt, von Beschimpfungen
und Verletzungen. Einmal sei ihm sogar die Hand ausge-
rutscht, er habe mit Geschirr nach ihr geworfen und sie ver-
letzt. Schon als seine Frau mit dem ersten Kind schwanger war,
betrog er sie. Auf der Suche nach Liebe unterhielt er immer
wieder längere Beziehungen zu anderen Frauen, die ihn oft
nicht wieder gehen lassen wollten, ihm verfallen waren, wie er

sagte. Hätten nicht die Alarmglocken bei mir anschlagen müssen, als ich erfuhr, dass er zum Fremdgehen neigte? Und welchen Charakter konnte ich jemandem zuschreiben, der seine Frau anschrie und sogar mal verletzt hatte? Wie blind war ich, um diese Warnsignale zu ignorieren? Oder wie verzweifelt auf der Suche nach Liebe? Doch was war das für eine Liebe?

Nun, im Moment glaubte ich ihm, dass bei uns alles ganz anders sein würde und mir tat diese Liebe gut. Ich blühte förmlich auf und meine Figur wurde noch weiblicher. Frank ließ mich Frau sein und das genoss ich in vollen Zügen. Ich lernte mich selbst in dieser Zeit als Frau erst richtig kennen. Meine Wünsche, meine sexuellen Bedürfnisse. Aus heutiger Sicht würde ich sagen, der Verstand saß zu tief. Aber meine Sehnsucht nach einem Leben mit ihm wurde immer stärker. In die Verliebtheit mischte sich jedoch ein Wermutstropfen. Wie würden meine Kinder reagieren? Würden sie mit Frank auskommen? Vor allem mein Sohn Johannes war sehr sensibel und hatte eine starke Bindung zu mir – würde ihn das verletzen? Durfte ich so egoistisch sein?

Sexsucht · Romanzensucht · Beziehungssucht

Sonja und Frank leben wie im Rausch, abgehoben, auf Wolke sieben und realitätsfern. Das können sie sich leisten, denn ihre Beziehung ist eine sogenannte Sonntagsbeziehung, die vom Reiz des Seltenen und Problemlosen geprägt ist. Kein Alltag, sondern geheime Treffen in Hotels, verstohlene Reisen und romantische Stelldichein. In der Zwischenzeit halten sie den Kontakt mit Liebesschwüren und sexueller Stimulierung aufrecht. Sie heizen sich verbal sexuell an und entladen sich körperlich beim nächsten Treffen. Die Menge an Sex und die Intensität werden im Lauf der Zeit immer mehr und bekommen Suchtcharakter.

Narzisstische Beziehungen gründen häufig auf Sexualität, die nicht selten süchtig ausgelebt wird. Im Mittelpunkt steht ein extrem gesteigerter Drang nach sexueller Befriedigung. Die Sexualität nimmt in Gedanken und Verhalten große Teile des Alltags in Anspruch und Beziehungen werden hauptsächlich über Sexualität definiert. Narzisstische Menschen ersetzen sehr häufig emotionale durch sexuelle Nähe und Intimität, da sie befürchten, gefühlsmäßig ausgenutzt oder zurückgewiesen zu werden. Die Sexualität bietet eine Möglichkeit, Nähe zu einem Partner zuzulassen, ohne sich emotional einlassen zu müssen und bedroht zu fühlen. Auf den ersten Blick scheint es paradox, doch sexuelle Nähe kann wirkliche Intimität verhindern.

Wie in vielen narzisstischen Beziehungen sind schon die Kontaktaufnahme und die Vorbereitung auf das erste Treffen von Sonja und Frank stark sexualisiert. Sexualität wird zum Instrument der Zuwendung und zum Beweis ihrer Liebe. Franks Frauenbekanntschaften und sein Fremdgehen in der Ehe können ein Hinweis auf Sexsucht sein. Eine Frau alleine reicht nicht, um seine Begierde zu stillen und den Thrill der verbotenen Liebe zu erzeugen. Der scheint bei ihm genauso dazuzugehören, wie Kerzenschein, Strapse und hohe Schuhe. Für das erste Treffen und die erste Nacht inszeniert Sonja sich regelrecht, ihr Outfit mit den High Heels und Dessous ist extrem animierend. Als würde sie als Person nicht ausreichen, um ihm zu gefallen und erotisch zu wirken. Es wirkt, als preise sie sich ihm mit den sexualisierten Attributen an.

Neben der süchtigen Sexualität fällt bei Sonja und Frank auch eine extreme Betonung romantischen Verhaltens, Fühlens und Sehnens auf, wie man es von romanzensüchtigen Menschen kennt. Sie leben mehr mit einer Illusion von der Beziehung und dem Partner/der Partnerin als mit der realen Person in einer wirklichen Begegnung. Für Sonja und Frank ist die Vorstellung vom Märchenprinzen bzw. der großen

Liebe nicht nur Träumerei, sondern Wirklichkeit. Sie glauben fest daran, dass eines Tages dieser Traum wahr wird. Und genau das scheint nun zu geschehen.

Für Sonja beginnt ihr neues Leben mit diesem idealisierten Mann und ihrer romantisch verklärten Vorstellung von Liebe und einer glücklichen Beziehung. Sie sagt selbst, dass sie sich manchmal wie in einem kitschigen Liebesfilm vorkam. Anders ist das bei Frank. Der braucht das romantische Beiwerk für seine sexuelle Stimulierung und die Superfrau für die Bestätigung seiner Männlichkeit und Aufwertung seiner Person. Was weiter befördert wird durch die aufsehenerregende Außenwirkung und die Aufmerksamkeit des »Publikums«. Das alles stärkt sein Selbstwertgefühl und macht ihn in den Augen seiner Partnerin noch bewundernswerter. Und auch sie selbst erfährt eine Aufwertung, wenn sie als Paar bei anderen gut ankommen und Beachtung erzielen. Was für eine selbstwertstärkende Vorstellung!

Weil romanzensüchtige Menschen intensiver mit der erträumten Partnerin/dem Partner in Kontakt sind als mit den realen, bekommen sie in der Beziehung große Probleme. In echt können Partner nämlich nie so zauberhaft sein wie der Traummann und die Traumfrau, und deshalb sind Desillusionierung und das Ende der Hingabe unvermeidlich, sobald sie sich wirklich kennenlernen. Bei Sonja und Frank wird es in Hass, Rache und gegenseitiger Destruktivität enden.

Sonja entwickelt eine immer größere Abhängigkeit von Frank, denn er befriedigt nicht nur ihre sexuellen Bedürfnisse, sondern gibt ihr auch Bestätigung als Frau. Der Schritt in die Beziehungsabhängigkeit ist klein, weil sie auf den Partner angewiesen ist, um durch ihn einen Lebensinhalt zu finden und ihr Selbstwertgefühl zu stärken. Sie wird von der Beziehung und dem Mann abhängig, um sich wertvoll zu fühlen.

Auf die Abhängigkeit folgt die Sucht. Für Beziehungssüchtige bedeutet Liebe immer Leid, denn sie scheitern stets aufs

Neue. Ihre Liebesbeziehungen sind nie erfüllend, weil sie mit sich selber viele ungelöste Probleme haben, die sie in die Beziehung einbringen und deren Lösung sie von den jeweiligen Partnern erwarten. Die sollen sie so lieben, wie sie von ihren Eltern nicht geliebt wurden, sie sollen ihr Selbstwertgefühl stärken, sie sollen sie glücklich machen, sie sollen, sie sollen, sie sollen … Nicht nur Sonja hat diese Erwartungen an Frank, auch er hat ein ungestilltes Bedürfnis nach Liebe. Seine Trauer beim Abschied wirkt wie bei einem kleinen Kind, das Angst hat, die Zuneigung der Mutter zu verlieren, eine Zuneigung, die er nun von Sonja erwartet. In dem Moment des Abschieds bricht seine narzisstische Fassade zusammen, denn wenn er alleine ist, gibt es niemand mehr, der ihn spiegelt und ihm Bedeutung verleiht. Er fühlt sich verlassen wie ein Kind, das völlig verloren ist ohne die Liebe der Mutter.

Der Traum von der großen Liebe, dem Traummann und der Traumfrau, ist im narzisstischen System eine Art Halt, eine Hoffnung auf bessere Zeiten und die Rettung aus der seelischen Not. Dazu gehören auch die permanenten Liebesbekundungen an Sonja, die schon fast wie Selbsthypnose klingen. Den Satz »Ich liebe dich, du bist so toll« wiederholt er so häufig, dass es misstrauisch macht. Er bindet sich auf diese Weise an Sonja, doch auf Dauer wird die Beziehung völlig überfrachtet und hat mit einer erwachsenen Liebe und Bezogenheit kaum noch etwas gemein.

Auf diese Weise werden die Beziehungen anklammernd und vereinnahmend, weil die kindlich-regressiven Bedürfnisse im Vordergrund stehen.

Bei all den Liebesbekundungen melden sich bei Sonja Zweifel, ob sie das, was sie tut, auch vor ihren Kindern vertreten kann. Ihr Mann scheint ihr egal zu sein, doch die Mutter in ihr hat Bedenken und spürt die soziale Verantwortung. Bei Frank ist das nicht der Fall, wie wir später sehen werden. Er verhält sich die ganze Zeit verantwortungslos und egozentrisch.

Allerdings achtet sie nicht gut genug auf sich, weil sie erste Anzeichen seines skrupellosen Verhaltens entweder gar nicht registriert oder verleugnet. Er verlangt von ihr, im Restaurant selbst zu zahlen, obwohl er von Einladung sprach; er berichtet von heftigen Beschimpfungen und Verletzungen in Streitereien mit seiner Frau; er betrog seine Frau fast von Anfang an.

Nur durch die Verleugnung dieser Tatsachen kann die Beziehung weiter bestehen, was für Sonja dringend nötig ist. Sie braucht ihn, um sich aus ihrer Ehe zu lösen und ihr angeschlagenes Selbstwertgefühl aufzubauen. Sie braucht ihn auch sexuell so sehr, dass sie kein Risiko eingehen darf, ihn aufgeben zu müssen. Es dürfen keine Zweifel an ihm aufkommen, sonst würde das schöne Hoffnungs- und Traumgebilde zusammenfallen.

Die Entscheidung

Die Reise nach Paris hatte viel in mir ausgelöst. Dieses erneute Getrenntsein von dem Mann, den ich für die große Liebe hielt, setzte mir sehr zu. Warum hungerte ich so nach dieser Liebe? Weil ich mich mit ihm wieder lebendig fühlte. Und glücklich. Bei ihm konnte ich vieles vergessen und einfach einmal ich sein.

»Vermiss dich so – und deine Liebe. Brauch dich. Könnte heulen, echt. Ohne dich ist selbst die Sonne grau. Meine Liebe ist immer bei dir.«

Diese SMS schrieb ich ihm sofort, nachdem ich zu Hause war. Ich spürte ihn ständig bei mir, in mir. Die Sehnsucht nach ihm machte mich ganz nervös.

Von meinen Kindern wurde ich herzlich begrüßt. Ich freute mich sehr, sie zu sehen und in die Arme zu nehmen. Der Blick meines Mannes war skeptisch und fragend. Und vielleicht auch etwas hilflos.

Meine Kinder liebte ich über alles und ein schönes Zuhause hatte ich auch, aber ich fühlte mich hier schon lange nicht mehr wohl.

Schönreden konnte ich mir das Leben mit oder besser gesagt neben Herbert schon lange nicht mehr, wir waren meilenweit voneinander entfernt. Ich hatte keine Achtung mehr vor ihm. Mehr denn je wurde mir klar, dass ich jetzt eine Entscheidung treffen musste. Auch um meiner selbst willen. Allerdings wusste ich auch: Meine Kinder sind und bleiben meine Kinder. Es musste eine Lösung für uns alle geben.

Beide Männer: emotionale Analphabeten

Schon bei Herbert ist Sonja an einen narzisstisch geprägten Mann geraten, der seine Defizite zwar nicht mit einem selbstdarstellerischen Gehabe kompensiert, sondern eher die depressiv-verdeckte Variante lebt. Es deutet auf Überbehütung und ein Abhängigkeitsverhältnis hin, dass er bis zu seiner Hochzeit bei seinen Eltern wohnte. Häufig müssen Kinder, die nicht gehen und sich nicht ablösen dürfen, die Eltern in irgendeiner Weise »retten«. Sie werden ausgebeutet für deren Bedürfnisse und verpassen dadurch die Entwicklung zu einer eigenständigen und selbstbestimmten Persönlichkeit. Ebenso wie Frank ist Herbert ein emotionaler Analphabet, der wenig geben, aber auch nichts annehmen kann. Er flieht aus Beziehungen zu seinem PC, der wenigstens nichts von ihm will und keine Ansprüche stellt. Weder auf Sonja noch auf seine Kinder kann er sich emotional einlassen. Es wirkt fast, als habe er gar kein Handwerkszeug dazu. Seine Bestätigung bekommt er durch seine Arbeit und sein Gehalt, er verdient genug, um eine Familie zu ernähren und ein Haus zu bauen. Das reicht ihm. Er hat zu wenig zu geben, als dass er Sonjas emotionale Bedürfnisse stillen könnte.

Ich suchte ein Gespräch mit meiner Hausärztin, sie kannte mich seit Jahren. Ich erzählte ihr von der Zuspitzung der Probleme mit meinem Mann und meinem Entschluss, Herbert zu verlassen und mit Frank zu leben. Sie machte mir Mut, mein Leben neu zu ordnen und einen anderen Weg zu gehen. Die Kinder seien alt genug, um das zu verstehen. Ich dürfe nun auch einmal an mich denken.

Obwohl Sonja klar ist, dass sie ihren Mann verlassen möchte, holt sie sich dennoch eine Absolution von der Hausärztin. Wir werden später noch sehen, dass Sonja ein starkes Bedürfnis nach weiblicher Unterstützung hat, die ihr Halt und Orientierung gibt.

Lange Telefonate mit dem Mann meines Herzens beflügelten mich, nun endlich mit meinen Kindern zu sprechen. Eines Abends nahm ich meinen Mut zusammen und redete sehr lange mit meinen Kindern über unsere Situation und über meine Gefühle. Erzählte ihnen von meinem Vorhaben, Papa zu verlassen, und von dem Mann, den ich kennengelernt hatte. Betonte aber auch, dass Frank nicht der Trennungsgrund sei, er würde es mir nur erleichtern, Papa zu verlassen. Und ich konnte es nicht fassen, meine Kinder wussten längst Bescheid und sagten folgenden Satz, den ich nie vergessen werde:
»Ach Mama, wegen uns hättest du schon viel früher gehen können. Wir wissen doch längst, dass zwischen dir und Papa nichts mehr ist.«
Puh, das waren klare Worte meiner Kinder, dabei hatte ich immer versucht, sie aus allem herauszuhalten, so gut es ging. Ihre neugierigen Fragen in Bezug auf Frank verblüfften mich etwas. Doch ihr Interesse war natürlich eine gute Basis für ein Kennenlernen. Frank hatte selbst Kinder im ähnlichen Alter, weshalb ich von einer Patchworkfamilie überzeugt war,

und so erzählte ich nur in den höchsten Tönen von ihm. Bislang konnte ich auch gar nichts Negatives über ihn sagen. Bald würde ich aber feststellen, dass mein Wunschdenken sehr weit von der Realität entfernt war.

Illusionen

Es ist immer wieder erstaunlich, wie schnell Sonja Fakten schafft, obwohl die Zeit dafür noch gar nicht reif ist. Nur weil Frank auch Kinder hat, denkt sie gleich an eine Patchworkfamilie. Sie kennt ihren neuen Partner nur von der Wochenend-Sonnenseite, hat seine Kinder nicht erlebt, weiß auch nicht, ob ihre Kinder sich mit ihm verstehen werden und ob Frank überhaupt eine gemeinsame Familie will. Dennoch konstruiert sie die Familie schon in ihrer Vorstellung. Das ist ein typischer Mechanismus von Frauen, die unglücklich lieben. Sie formen sich die Welt in der Fantasie nach ihren Wünschen, eine Welt, in der ihre Bedürfnisse erfüllt werden, in der er der Mann des Lebens ist und die Familie ein Hort der Harmonie. Diese Wünsche sind ehrenhaft, doch wenn ihnen die reale Grundlage fehlt, dann enden sie in einer großen Enttäuschung. Ent-täuschung bedeutet auch etwas Positives, nämlich das Ende der Täuschung. Doch es dauert, bis Sonja die Täuschung erkennt, für sie beginnt jetzt eine Zeit langen Leidens, weil sie nicht wahrhaben will, dass ihre Vorstellung nicht der Wirklichkeit entspricht. Zu lange hält sie an der Beziehung fest in der Hoffnung oder der Illusion, sie könne alles zum Guten wenden. Das ist eine grandiose Überschätzung, denn sie hat gar nicht die Macht dazu.

Es kommt noch ein anderes Problem hinzu. Wenn Sonja glaubt, ihr Ziel mit Anstrengung, Anpassung und viel Mühe zu erreichen, dann prüft sie den Partner nicht, ob er ihre Wünsche auch erfüllen kann. Denn sie geht davon aus, alles liege an ihr und ihrem richtigen Verhalten. Ein Mann wie Frank wird sie immer enttäuschen, wie sehr sie sich auch anstrengt. Erst wenn sie loslassen kann von ihren illusionären Vorstellungen und ihrer narzisstischen Anmaßung, hat sie einen klaren Blick auf die Beziehung, wie sie wirklich ist. Frank und sie sind aber noch in der Verliebtheitsphase, in der der Blick sowieso meist getrübt ist. Hier sollte noch gar nicht weit in die Zukunft gedacht werden. Das wäre viel zu früh und viel zu schnell.

Bereits in der Woche darauf kam es zum ersten Treffen zwischen Frank und meinen Kindern. Seine Kinder sollte ich später kennenlernen, da Frank es besser fand, diese Begegnungen zu trennen. Ich dachte mir nichts dabei und stimmte zu. Auch für Julia und Johannes war es ein aufregender Tag, denn sie wussten, wie ernst es mir mit ihm und der Trennung von ihrem Vater war. Das Treffen verlief gut und Frank bemühte sich sehr, mit meinen Kindern in Kontakt zu kommen. Ich hatte den Eindruck, dass es ein offenes und nach anfänglichen Hemmungen ein lockeres Gespräch war. Auf dem Nachhauseweg wollten meine Kinder wissen, ob er sich scheiden lassen wolle. Denn noch waren wir ja beide verheiratet, was mir bis dahin keinerlei Kopfzerbrechen bereitet hatte. »Natürlich«, antwortete ich voller Überzeugung. Oh ja, ich war sicher, dass er dasselbe wollte wie ich. Wieder frei sein für eine neue, wunderbare Liebe, für einen kompletten Neuanfang. Zu dem sicherlich meine und seine Kinder gehören würden.

Mein Mann Herbert wusste von dem Treffen und irgendwann fragte er mich, wie denn dieser Frank so sei. Er wollte mehr von ihm wissen, was er beruflich mache, ob er mich und die Kinder auch finanziell unterstützen könne etc. Ich staunte nicht schlecht. Keine komischen Andeutungen, keine Anfeindungen. Was war denn mit ihm los? War er womög-

*lich froh, dass ich jemanden gefunden hatte? Dass dem nicht
so war, bewies er mir einige Zeit später. Denn Herbert versuchte mich mit einem langen Brief zu überzeugen, bei ihm
zu bleiben, es tue ihm so leid und er wolle künftig alles besser machen.*

*Ach, wie oft hatte ich ähnliche Sätze in all den Jahren ge-
hört, wenn ich wieder einmal am Ende war und ihm sagte,
dass ich gehe, wenn sich nichts ändert. Nur ändern konnte er
sich eben nicht und ich mich schon gar nicht, das war mir
mittlerweile bewusst.*

*Was mich allerdings erstaunte und auch verletzte, war Her-
berts Aussage, dass er sich dann halt auch gleich wieder jemanden suchen müsse, denn er könne nicht alleine leben. Das
gab mir zu denken. Was hatte ich ihm in all den Jahren bedeutet?*

Zukunftspläne

*Nachdem ich eine endgültige Entscheidung getroffen hatte,
hörte ich von allen Seiten, wie ich von innen heraus strahlen
würde. Frank und ich beschlossen, unseren Weg gemeinsam
fortzusetzen. Allerdings müsse ich zu ihm ziehen, durch seine
Arbeit sei er ortsgebunden. Da musste ich nicht lange überlegen und sagte »ja«. Rationale Überlegungen stellte ich nicht
an, machte mir keine Gedanken darüber, dass die Zeit, die
wir bisher verbracht hatten, nichts, aber auch gar nichts mit
einem normalen Alltag zu tun hatte. Wir genossen das Zusammensein, warum sollte es also nicht generell funktionieren? Wir wollten einfach mehr Nähe. Wir freuten uns über
diese Entscheidung, es fühlte sich für mich richtig an. Frank
schlug vor, uns gemeinsam ein Haus zu suchen. Es sollte unbedingt ein freistehendes sein, mit einer Garage für sein Auto.
Drum herum gehen zu können, ohne Zaun und Begrenzung:*

Das vermittle ihm ein Gefühl von Freiheit und Besitz. Ja sicher, warum nicht. Noch erkannte ich die Absicht dahinter nicht.

Mir war wichtig, genug Platz für uns drei zu haben, denn Johannes würde auf jeden Fall mit mir umziehen. »Mama, egal wo du hingehst, ich komm mit.« *Unsere Verbindung sollte weiter so eng bleiben und nicht beeinträchtigt werden. Das Thema Schulwechsel stand damit an. Aber für Johannes spielte das keine so große Rolle, solange er bei mir war. Das sagte er zumindest. Ich wollte es meinen Kindern immer recht machen, nur ob ich immer den richtigen Weg fand?*

Heute weiß ich, dass ich das alles nicht noch einmal so entscheiden würde. Aber eben heute. Denn für Johannes begann eine schwierige Zeit, und ich bin sehr dankbar, dass unsere Beziehung das trotz allem gut überstanden hat.

Als in der Zeitung ein für uns passendes Einfamilienhaus annonciert war, waren wir ganz euphorisch. Beim Besichtigungstermin traten wir als Paar auf, was mich unendlich stolz machte. Wie eine richtige Familie, dachte ich. Wir bekamen das Haus, das vor allem Frank gefiel.

Mir war wichtig, dieses Haus gemeinsam zu mieten, es sollte ein gemeinsamer Neuanfang sein. Frank war einverstanden, und so unterschrieben wir beide den Mietvertrag. Abgesehen davon hätte ich mir das Haus alleine gar nicht leisten können. Es war klar, dass die Kosten geteilt wurden, so war es auch besprochen.

Jetzt war es fix, jetzt wurde es ernst. Einerseits freute ich mich, andererseits wurde mir auch ein bisschen mulmig. Ich hatte das Gefühl, mein ganzes bisheriges Leben aufzugeben. Allerdings war mir auch bewusst, wenn ich das jetzt nicht durchziehe, dann gehe ich nie. Der Termin stand fest und damit war für mich auch der Zeitpunkt gekommen, meine besten Freundinnen einzuweihen. Sie reagierten entsetzt, denn ich hatte all die Jahre geschwiegen. Ich hatte zwar immer schlaue Ratschläge für ihre Ehen parat, aber über meine eigene habe ich nie geredet. Keine wusste von meinem Unglück, von meinen Eheproblemen, von meiner Beziehung zu Frank. Ich hielt genau wie Herbert die Fassade nach außen aufrecht. Für sie kam das also sehr überraschend, und so konnten sie es gar nicht fassen, dass ich quasi von heute auf morgen alles aufgeben wollte. Ich war aber fest entschlossen und schlug alle Warnungen in den Wind. Sie machten sich Sorgen um mich und zweifelten, ob das gut gehen könne. Vor allem missfiel ihnen, dass Frank noch verheiratet war. Aber ich war es ja auch noch, gab ich zurück.

Ich wollte einen Neuanfang und daher möglichst wenig aus dem Haus mit meinem Mann mitnehmen. Ich wollte ein neues Leben und das bedeutete: alles auf Anfang. Also habe ich fast alle Möbel neu gekauft. Ich tapezierte, strich, richtete ein und bemerkte in meinem Eifer überhaupt nicht, dass ich das alles mehr oder weniger alleine machte. Frank war da wenig involviert. Vor allem bezahlte ich auch alles. Aber vor lauter Freude übersah ich diese Warnzeichen. Ich dachte: Wir ziehen jetzt zusammen. Noch war ich auf Wolke sieben. Nach dem Umzug aber wurde sie immer dünner, und in nicht allzu ferner Zeit sollte ich eine harte Landung auf dem Boden der Tatsachen erleben.

Schönfärberei

Sonja rettet sich in eine unwirkliche, idealisierte Beziehung, die nichts mit ihrem Alltag zu tun hat, die ihr aber die Kraft gibt, sich aus ihrer Ehe zu lösen. Damit macht sie sich zugleich von Frank abhängig und erhöht seine Bedeutung für ihr Leben. Sie muss alles bisher Vertraute verlassen, um in eine ungewisse Zukunft mit einem neuen Mann zu gehen.

Was für einen hohen Preis Sonja zahlt! Und das, ohne auch

nur einmal kritisch die Konsequenzen zu durchdenken, die ihr Schritt nach sich zieht. Ihre Not muss sehr groß gewesen sein und die Hoffnung auf ein glückliches Leben umso stärker, dass sie alle möglichen Zweifel beiseiteschiebt und ihre Koffer packt. Auch wehrt sie sich lange Zeit gegen eine Unterstützung vonseiten ihrer Freundinnen, die ihre Sicht auf Frank und die Beziehung schon im Vorfeld korrigieren könnten. Doch genau das will sie nicht. Sie will die Fassade wahren und ein Scheitern ihrer Pläne wäre für sie schlimmer, als sich auf ein Risiko einzulassen. Zum anderen hat Sonja sich nie helfen lassen, stets hat sie alles in sich hineingefressen und ihre Probleme durch Tatkraft selbst gelöst. Sich anderen Menschen mit ihrer Not anzuvertrauen ist ihr fremd. So bleibt sie im Grunde immer alleine und erschöpft sich in ihrer emotionalen Isolation.

Die Trennung von ihrem Ehemann Herbert scheint recht unproblematisch zu verlaufen. Es wirkt, als hätten beide nie wirklich über sich und ihre Befindlichkeiten, ihre Nöte und Freuden gesprochen, sondern mehr oder weniger beziehungslos nebeneinanderher gelebt. Wenn so wenig Bindung zwischen den Partnern besteht, dann fällt auch das Weggehen nicht so schwer. Mehr Sorgen machen Sonja die Kinder, die ihr aber die Erlaubnis zur Trennung geben. Auch hier wieder eine Verkehrung der Rollen. Zudem scheint ihre Sorge um sie etwas übertrieben, denn sie sind in einem Alter, in dem sie sich gewöhnlich von der Familie und der Umsorgung lösen und eigenständig werden wollen. Kann oder will Sonja sie noch nicht loslassen? Immerhin waren sie ihr Lebensinhalt, bevor Frank kam. Lange hat sie sich an die Kinder geklammert, durch sie ihr Leben definiert und Liebe bekommen. Eine emotionale Ausbeutung erfuhren sie dadurch auf jeden Fall.

Dass Herbert sich sehr bald nach der Trennung eine neue Frau suchen will, zeigt, wie unselbstständig er ist und wie stark er auf eine Partnerin angewiesen ist, so wie Sonja auf einen Mann, der sie glücklich macht. Sie nennt Frank bereits den »Mann ihres Lebens«, obwohl sie ihn noch gar nicht wirklich kennt. Das ist wieder diese typische narzisstische Verwechslung von Sehnsucht und Realität.

Sein anderes Gesicht

Neuanfang

Mit nun 48 Jahren fing ich noch einmal ganz von vorne an. Johannes bekam sein eigenes Reich, alles war neu und sehr schön, ich war zufrieden. Ob ich hier einen Job finden würde, das stand in den Sternen, aber darüber machte ich mir im Moment keine großen Gedanken. Ich war voller Hoffnung auf mein, auf unser neues Leben. Das Haus war bald eingerichtet, ich fühlte mich wohl. Es zeigte meine Handschrift. Ich war neugierig auf unsere Zukunft, die wir ja nun endlich miteinander verbringen konnten. Mein Traum!

Aber: Mann Nr. 2 tat alles andere, als bei mir einzuziehen. Stück für Stück lernte ich nun eine andere Seite von ihm kennen: seine ständigen Ausreden mir gegenüber. Permanent fand er neue Gründe, warum er noch nicht umziehen konnte, warum seine Scheidung noch nicht durch war, warum noch kein guter Zeitpunkt war, seine Kinder kennenzulernen. Es gab immer irgendwas, was nicht passte. Erst entschuldigte er sich damit, dass er keine Möbel hatte, weil die seiner Exfrau gehörten, dann redete er sich darauf hinaus, dass ich ja alles so toll eingerichtet habe und er nun nichts mehr beisteuern müsse, und außerdem habe er ja noch sein Appartement. Am Ende belegte er nur einen kleinen Teil des Schranks und stellte seine Toilettensachen ins Bad. Er kam wie auf Besuch.

Meine Enttäuschung über sein Verhalten war groß, wollte er denn nicht dasselbe wie ich?

Einer bestimmt

Schon zum jetzigen Zeitpunkt wird in Franks Verhalten etwas deutlich, das später die Beziehung immer stärker prägen sollte: Er stellt die Bedingungen, an die Sonja sich anpassen muss. Keine Rede von einer gleichberechtigten Diskussion darüber, wo und wie sie leben wollen. Er bestimmt den Ort und die Art der Behausung. Es muss ein freistehendes Haus sein, um jedweder sozialen Kontrolle auszuweichen. Das aber weiß Sonja in diesem Moment noch nicht.

Sonja verfällt in ihr altes Muster und ist diejenige, die das Haus sucht und die Arbeit erledigt. Sie richtet ein, renoviert, macht und tut und zahlt, alles wie im Rausch. Auch hier deutet nichts auf eine Gemeinsamkeit, auf ein Wir hin. Er erfüllt kein einziges Versprechen: keine Scheidung, kein Einzug ins gemeinsame Haus, kein gemeinsamer Neuanfang als Patchworkfamilie.

Am Anfang dachte ich, er müsse sich erst daran gewöhnen, wieder als Familie zu leben, doch als er immer häufiger nachts wegfuhr und erst am nächsten Tag wiederkam, wurde ich stutzig. Er begründete das mit seinem Job, der ihn zwang, schon sehr früh aufzustehen und zu Kunden zu fahren, er wolle mich nicht stören und übernachte daher in seinem Appartement. Er wollte es auch um keinen Preis aufgeben, er brauche einen Raum für sich. Ich verstand das ja zunächst alles. Oder sagen wir, ich versuchte es zu verstehen. Gefallen hat es mir nicht.

Doch ich freute mich, wenn ER heimkam, ich bekochte und verwöhnte ihn. Natürlich mit dem Hintergedanken, dass er ganz hierbleibt, weil es ihm bei mir so gut gefällt.

Das alte Muster

Das ist wieder Sonjas altes Denk- und Verhaltensmuster: Sie muss es anderen so schön machen, dass sie bleiben, sie muss es schaffen, geliebt zu werden, sie kann alles zum Guten wenden. Was für eine Falle, doch in diese tappen viele Frauen. Weder Sonja noch sonst jemand kann das nämlich bewirken. Das ist Überheblichkeit und zugleich eine Überforderung. Sie übersieht, dass der andere seine eigenen Entscheidungen trifft, auf die sie nur zum Teil Einfluss hat. Indem sie sich aber die gesamte Verantwortung für das Gelingen der Beziehung und sogar für Franks Gefühle aufbürdet, werden das Zusammensein zum Stress und das Misslingen zum eigenen Versagen. Vielleicht reagiert sie auch aus diesem Grund nicht auf die Warnsignale, weil sie fest davon überzeugt ist, Franks Verhalten ändern zu können. Sie will nicht aufgeben, bevor sie nicht alles versucht hat.

Zugleich war ich sehr verletzt und enttäuscht, denn ich erlebte sein Verhalten als Zurückweisung. Nur die Nähe beim Sex entschädigte mich und ließ mich an der Beziehung festhalten. Nach dem Motto: Lieber ein bisschen was als gar nichts.

Heute, nach vielen Jahren des Verdrängens, weiß ich, dass ich schon zu diesem Zeitpunkt einen Schlusspunkt hätte setzen sollen. Alle Signale standen auf Rot, aber ich wollte es nicht wahrhaben und es mir nicht eingestehen.

Am schlimmsten für mich waren die Wochenenden, die ich immer mit meinem Sohn alleine verbrachte. ER kam nur abends zum Schlafen oder um mit mir zu schlafen. Manchmal blieb er die ganze Nacht, verschwand dann aber morgens um halb sechs Uhr schon wieder. Ich bekam das Gefühl, das fünfte Rad am Wagen zu sein, zwar von ihm »gebraucht«, aber nicht respektiert zu werden. Wir frühstückten nicht ein-

mal miteinander. Ich fühlte mich plötzlich wieder minderwertig. Die Zeiten, in denen er mich in den Himmel gehoben hatte, waren vorbei.

Das tat weh, allein schon, weil ich es von ihm anders kannte, aber das waren eben nur die schönen Zeiten, die wir bisher alleine verbracht hatten. Wie idiotisch von mir zu glauben, das würde so weitergehen. Ich fühlte mich nicht wirklich erwünscht, sondern geduldet und seiner Gunst ausgeliefert. In der Öffentlichkeit stand er nicht zu mir, es gab keine gemeinsamen Ausflüge in der näheren Umgebung, denn er wollte mit mir nicht gesehen werden. Um zu verheimlichen, dass er bei mir ist, parkte er sein Auto immer in der Garage. Oh, wie fühlte sich das an. Diese ständigen Heimlichkeiten. Ich war also seine Geliebte. Wie toll. Von meinen Vorstellungen einer Patchworkfamilie waren wir weiter entfernt denn je. Doch trotz allem gab ich die Hoffnung nicht auf. Vielleicht brauchte alles noch ein wenig Zeit, redete ich mir ein. Ich belog mich selber.

Auch seinen Hang zu »mehr Schein als Sein« lernte ich mit der Zeit kennen. Das schönste Auto, die besten Klamotten, die teuersten Restaurants. Dabei stammte Frank aus sehr einfachem Hause, sicher hatte er sich durch Fleiß einiges geschaffen, aber er war nicht der Mann von Welt, für den er sich gerne ausgab. Und dass er im Berufsleben auch nicht immer ein Gentleman war, hörte ich von anderer Seite. Er nutzte andere wohl öfter mal aus. Dass ich ihn verwöhnte, die feinsten Lebensmittel einkaufte und für ihn abends ein tolles Essen zauberte, das nahm er gerne an.

Den Kontakt zu seinen Kindern versuchte Frank zu unterbinden, um die Familienbande nicht zu stark werden zu lassen. Und an meinem Sohn hatte er ständig etwas auszusetzen; schließlich zog sich Johannes mehr und mehr zurück. Da mir natürlich auch die Trennung von meiner Tochter zusetzte, fuhren Johannes und ich anfangs immer wieder nach Hause.

Ja, so nannte ich es durchaus noch. Unser altes Zuhause. Ab da begann Frank mit seiner Eifersucht. Es war jedes Mal ein großes Theater, wenn ich nicht in seiner Reichweite war. Wobei das geradezu lachhaft war, schließlich lebte ich die meiste Zeit mit meinem Sohn alleine in diesem Haus. Er wohnte ja nach wie vor in seinem Appartement. Was er dort trieb, sollte sich später herausstellen. Aber allein war er dort sicher nur selten.

Seine extreme Eifersucht wurde ein immer größeres Problem. Es verging so gut wie kein Tag, an dem wir nicht einen Streit deswegen hatten. Weil ich mich z. B. nach seiner Meinung zu aufreizend angezogen hatte und die Männer anlocken würde. Durch die Blume unterstellte er mir sogar, anderen Männern gegenüber nicht abgeneigt zu sein, das fand ich respektlos und unmöglich. Er trat meine Gefühle mit Füßen, nahm mich überhaupt nicht ernst. Generell sah er in jedem anderen Mann einen potenziellen Konkurrenten. Oft schrie er mich deshalb an, erniedrigte mich mit seinen Zornausbrüchen: »Du hast ...«, »Du bist ...«, und dann folgte etwas Negatives. Anfangs habe ich das falsch gedeutet, ich dachte, er liebt mich so sehr, dass er fast durchdreht.

Jeder vernünftige Mensch hätte mich gewarnt. Nur mein Verstand war leider ausgeschaltet. Es war wohl eine sexuelle Abhängigkeit, die mich bei ihm hielt, und weswegen ich ihm stets aufs Neue alle Verletzungen, Lügen und Demütigungen verzieh.

Mehr und mehr entdeckte ich ein Besitzdenken an ihm. Auch unsere Streite nahmen zu und gingen immer öfter unter die Gürtellinie. Am Anfang endeten diese Streitereien im Bett, er nannte es Versöhnungssex. Er schaffte es immer wieder, mich rumzukriegen. Danach ging es mir oft noch schlechter als vorher, aber ich konnte mich nicht dagegen wehren. Auch mein Sohn litt zunehmend unter dieser Situation. Johannes versuchte mich öfters zu trösten, er nahm mich in den Arm

und redete mir gut zu, es werde sich schon noch alles zu-
rechtrütteln. Dabei war ich doch verantwortlich für ihn. Ich
fühlte mich wieder alleine mit allen Problemen und hatte
neue dazu.

Mein Körper reagiert sehr sensibel auf Unstimmigkeiten
und negative Einflüsse. Mein Bauchgefühl war wieder da,
und es war ein ungutes. Neben Darmbeschwerden hatte ich
erneut Schlafstörungen, im Bett wälzte ich Probleme und
machte mir Gedanken über mein sogenanntes neues Leben.
Ich konnte nicht abschalten. Einmal überlegte Frank sogar
laut, ob es nicht besser wäre, wenn Johannes zu seinem Vater
ziehen würde. Was für ein Egoismus. Frank dachte nur an
sich. So hätte er noch mehr Einfluss auf mich ausüben können.
Aber auch seine Unzuverlässigkeit, sein fehlendes Engage-
ment enttäuschten mich. Er behandelte mich mehr oder
weniger wie eine Geliebte, ließ mich auf den Kosten für das
Haus und das ganze Drumherum einfach sitzen. Es hätte ge-
nügend Gründe gegeben, mich zu trennen. Aber ich ver-
drängte meine Sorgen und machte mir selbst etwas vor. Einer-
seits schämte ich mich, und auf der anderen Seite hatte ich
nach wie vor die Hoffnung, dass sich doch noch alles zum
Guten wenden könnte.

Beschönigung und Verdrängung

Sie richtet das Haus ein, macht es für alle bewohnbar und er
kommt mit Zahnbürste, Schlafanzug und einigen Sachen zum
Wechseln. Warum schrillen ihre Alarmglocken nicht, spätestens, wenn er abends immer wieder in sein Appartement
fährt? Das ist kein Neuanfang, kein gemeinsames Leben.

Sonja weiß selbst, dass sie hätte gehen sollen, aber sie ist
so abhängig von ihm, dass es ihr nicht gelingt. Sie schämt
sich, möchte weder sich selbst noch anderen eingestehen, dass

auch diese Beziehung gescheitert ist und sie sich in ihrem Partner getäuscht hat. Wie oft fangen Frauen an, sich selbst die Schuld dafür zu geben, dass der Mann sich von ihnen abwendet. Und dann versuchen sie noch intensiver, ihm zu gefallen, alles richtig zu machen, ihn zu verwöhnen, um ihren Beziehungstraum zu retten. All das aber verhindert einen klaren Blick auf das, was wirklich ist: Lügen, Heimlichkeit, Eifersucht, Besitzansprüche, Ausreden. Sonja verdrängt alles, was sie quält, beschönigt die Situation und versucht, unverständliche Dinge zu verstehen, z. B. dass er um Mitternacht nach Hause geht oder frühmorgens flüchtet.

Und nicht nur Sonja fängt an zu leiden, sondern auch Johannes, ihr Sohn. Der spürt natürlich, dass er unwichtig und nicht willkommen ist. Frank ist lediglich an seiner Mutter interessiert, die aber auch immer unglücklicher wird. Dadurch fühlt sich Johannes aufgerufen, sie zu trösten, sich um sie zu kümmern und ihr Mut zu machen. Seinen eigenen Kummer stellt er zurück. Wieder sind die Rollen zwischen Mutter und Sohn vertauscht.

Sicherlich spielt auch die sexuelle Abhängigkeit eine große Rolle, dass Sonja bei Frank bleibt. Sexualität ist seit Anbeginn eine Basis in ihrer Beziehung, wenn nicht die wesentlichste. Bislang trafen sie sich in Hotels und verbrachten die meiste Zeit im Bett. Sehr viel mehr teilten sie nicht. Und das ändert sich auch in dem gemeinsamen Haus nicht, nur ist es nicht mehr so aufwendig für ihn, sie zu sehen und mit ihr zu schlafen. Aber im Grunde ist die jetzige Situation kaum anders als früher, es fehlt nur die Leidenschaft des Beginns. Allmählich kehrt eine Art Alltag ein, der für narzisstische Menschen den Tod ihrer Liebesgefühle bedeutet. Nur wenn etwas unerreichbar oder unerlaubt ist und im Geheimen gelebt werden muss, ist es attraktiv. Sonja ist nun jederzeit verfügbar und das nimmt dem Zusammensein einen großen Teil des Reizes, was sich auch auf ihre Person überträgt. Die Liebesschwüre bleiben aus, denn er muss sie nicht mehr erobern. Dasselbe erlebt Johannes: Solange Frank um die Gunst von Sonja werben musste, bekam auch er Aufmerksamkeit, aber nun, da er zum ungeliebten Alltag gehört, zeigt Frank seine wahre Einstellung zu Sonjas Sohn. Er interessiert ihn nicht die Bohne, sondern stört. Welch eine Entwertung und Missachtung eines Menschen, der ihm nichts getan hat, außer da zu sein. Hier wiederholt sich die Situation, die Sonja mit ihrer Stiefmutter erlebte.

Und obwohl Sonja spürt, dass auch Johannes unter der Situation leidet, ändert sie nichts, denn sie verzehrt sich nach Liebe und schiebt alles weg.

Das Negative wird unübersehbar

Inzwischen waren über eineinhalb Jahre seit unserem Umzug vergangen, und nichts, aber auch gar nichts hatte sich verändert. Frank war immer noch verheiratet und die Ausreden waren immer noch dieselben. Die Euphorie und die ganz großen Gefühle waren längst verflogen. Ich verstand die Welt nicht mehr. Wie konnte ich mich so in diesem Menschen getäuscht haben? Es hatte sich nach einer Traumbeziehung angefühlt, nach Liebe und Begehren, Verständnis, nach himmelhoch jauchzend. Doch wie heißt es so schön, wer schnell hoch fliegt, fällt auch leicht ganz tief. Meine Freundinnen hatten mich gewarnt und manches infrage gestellt. Doch wer blind vor Sehnsucht nach Liebe ist, drängt alles weg.

Wenn wir mal Besuch hatten, was eher selten geschah, schwärmte Frank allen vor, was für eine tolle Frau ich sei und wie gut ich kochen könne. Das habe er sich immer so gewünscht. Ich sei seine große Liebe. Na ja, klar, die eine, die ihm ein schönes Heim bereitete und immer für ihn da war. Am besten dann, wenn es für ihn passte. Und so lief es ja auch. Ich stand abends parat, hatte gekocht, aufgetischt, eine gute Atmosphäre hergestellt und anschließend war ich ihm Frau im Bett. Für ihn war es wie ein Sechser im Lotto. Und für mich? Wie fühlte sich das alles für mich an? Benutzt und ausgenutzt fühlte ich mich und oft hilflos.

Frank hebt Sonja vor anderen in den Himmel, preist ihre Fähigkeiten über Gebühr und idealisiert sie. Dann erhält sie endlich einmal Zuwendung, aber im Grunde gilt sie nicht ihr als Person. Frank benutzt sie lediglich als Schmuckstück für sich selbst, um bei den anderen gut anzukommen. Er muss sie besser und größer machen als sie ist, sonst hätte sie keine selbstwertstärkende Funktion für ihn.

Finanzielle Probleme kamen dazu. Ich hatte die ganze Zeit schon versucht, einen Job zu finden, aber leider gab es hier keine offenen Stellen in meiner Branche. Für ihn passte es, denn so konnte er frei über mich verfügen. Je abhängiger ich finanziell von ihm war, umso größer wurde seine Macht über mich. Und dann fing er an, mich für seine Zwecke einzuspannen. Einem Freund war er einen Gefallen schuldig, und an den vermittelte er mich. Ich sollte Rechnungen schreiben und im Büro helfen. So konnte er zwei Fliegen mit einer Klappe schlagen: seine Schuld bei dem Freund abtragen und mich beschäftigen und unter seiner Kontrolle halten. Zu der Zeit sah ich das aber nicht so, sondern freute mich, dass er mich nun etwas mehr in sein Leben einband und wir etwas gemeinsam hatten.

Also fing ich gleich die Woche darauf bei seinem Freund an. Für einen kleinen Obolus versteht sich, denn auch hier dachte er nur an seine Interessen. Immerhin hätte ich ja jetzt eine Beschäftigung und vielleicht könne man das später ausweiten. Er hielt mich schon wieder hin. Doch nach gerade einmal vier Tagen erklärte er mir, dass das leider so nicht gehe, seine Frau könne davon erfahren, und dann bekomme er ein riesiges Problem. Das zog mir den Boden unter den Füßen weg, ich konnte es nicht fassen, denn ich war fest davon ausgegangen, dass er seiner Frau reinen Wein eingeschenkt hatte. Die aber wusste offensichtlich nichts von unserer Beziehung. Er hatte sich wohl gedacht, ach, schauen wir doch einfach mal, ob das funktioniert. Er spielte mit uns beiden, wie mir schlagartig bewusst wurde.

An dem Abend gab es einen Riesenstreit. Ich weiß nicht mehr, was ich ihm alles an den Kopf geworfen habe, auf alle Fälle habe ich erklärt, dass ich die Nase voll hätte von seinen Spielchen und den nächstbesten Job annehmen würde. Lautstark habe ich ihn aufgefordert, das Haus zu verlassen. Oh, ich war so wütend. Nichts war ihm ernst. Ihn interessierte nur, was für ihn gut war, und solange alle mitmachten, lief es eben nach seinen Spielregeln.

Der weitere Abend entwickelte sich wie immer nach so einem Streit, es gab Anrufe, Anrufe, Anrufe. Ich knallte jedes Mal den Hörer auf und wollte nicht mit ihm sprechen. Dann kamen SMS – er habe das doch nicht so gewollt, er liebe mich und wolle mich auf keinen Fall verlieren. In dieser Nacht gab ich nicht nach. Er blieb in seinem Appartement und ich in meinem Haus. Ich war richtig wütend, auch auf mich selbst. Weil ich trotz allem Hoffnung hatte, er würde endlich ernst machen.

Sonja hätte die Eskalation der vielen Anrufe verhindern können, sie hätte den Hörer ja nicht abheben müssen. Im Grunde steigt sie mit ihrem Verhalten auf sein Spiel ein und verstärkt auf diese Weise seine Reaktion, die sie gleichzeitig kritisiert.

Am nächsten Morgen klingelte es bereits um acht Uhr und er stand reumütig vor der Tür. Er konnte so einen Dackelblick aufsetzen, seine Mundwinkel umspielte dann ein leichtes, sehr charmantes Grinsen, und schon konnte ich ihm nicht mehr böse sein. So war es auch an diesem Morgen, es folgten seine Entschuldigung, seine Umarmungen und seine zärtlichen Küsse. Es endete wie immer im Bett.

Hinterher sagte er mir, dass er für das Wochenende keine Termine ausgemacht habe und mit mir ans Meer fahren möchte. Ein paar Tage nur für uns würden uns guttun und er wolle mir etwas sagen. Aber erst mal weg von allem hier und einfach nur die gemeinsame Zeit genießen. Er bestimmte wieder. Aber ich ließ es zu.

So verhielt er sich immer, wenn er mit dem Rücken zur Wand stand. Er kam mir ein Stück entgegen und hoffte, mich wieder zu beruhigen und positiv zu stimmen. Und es funktionierte ja tatsächlich, sogar noch einige Jahre. Seine Masche verfing bei mir. Ich machte das alles mit, leider.

Kaum fuhren wir am Freitag los, war er wie ausgewechselt und bestens gelaunt. Oft griff er nach meiner Hand, küsste sie. Er konnte so lieb sein. Wenn ich ihn so von der Seite beobachtete, seine lächelnden Mundwinkel sah und seine leuchtenden Augen, dann kamen wieder diese warmen Gefühle in mir hoch. Zwar waren die Empfindungen nicht mehr so heftig wie am Anfang, aber ich war nach wie vor darin gefangen. Er wusste das genau, er plante alles geschickt und hatte sich vorgenommen, mich wieder einmal schweben zu lassen. Er wollte mir demonstrieren, dass ich ihn brauchte.

Wie oft waren wir schon am Meer gewesen, dieses Haus war mir längst vertraut. Es wurde ein sehr schönes Wochenende mit viel Gefühl, Liebe und Leidenschaft. Ich ließ mich einfach fallen. Er kümmerte sich um mich wie schon lange nicht mehr. Ich musste nichts tun, er machte Frühstück, wir gingen fein essen und hatten viel Spaß zusammen. Wenn wir unterwegs waren, war es immer schön. Wir waren ein Paar. Er hielt meine Hand, er saß beim Essen neben mir. Wollte er mir nicht gegenübersitzen, weil er mir da hätte in die Augen schauen müssen? Das konnte er nicht, wie ich später merkte, weil er zu viele Geheimnisse hatte, die er verbergen musste.

Diese enge Verbundenheit und auch der viele Sex sorgten wieder für eine enorme Bindung. Ich fühlte mich sehr zu ihm hingezogen und spürte auch seine Zuneigung. Er liebte mich sicherlich, aber eben auf seine Art und Weise, und mit wahrer Liebe hatte das nichts zu tun. Auch wenn es sich für mich so anfühlte. Dieses Wochenende war voll Harmonie und am letzten Tag erzählte er mir, was er vorab angedeutet hatte. Er wünsche sich, auch beruflich mehr Zeit miteinander zu verbringen, wir könnten uns ein gemeinsames Projekt ausdenken. Weil ich die gute Stimmung nicht zerstören wollte, ging ich erst einmal nicht darauf ein. Auf dem Nachhauseweg allerdings griff ich das Thema auf und sagte, dass ich selbstständig sein wolle. Das gefiel ihm gar nicht, doch er ließ es erst mal dabei bewenden. Ich merkte jedoch, dass seine Laune schlagartig im Keller war. Die Leichtigkeit war verschwunden. Als er mich zu Hause ablud, machte er seinem Verdruss Luft: Alles laufe schon wieder scheiße, sagte er und schlug auf den Tisch, am liebsten würde er mit mir abhauen und ganz ans Meer ziehen. Dort sei alles immer so schön. Ja, aber das Leben war nun mal nicht so, es gab den Alltag, und auch der sollte funktionieren. Wie üblich fuhr Frank gleich zu sich nach Hause, wegen der Post, wie er immer sagte.

Auszeit

Franks ultimativer Schachzug, um in einer konflikthaften und verfahrenen Situation wieder Frieden herzustellen und Sonja »einzufangen«, ist ein Wochenende am Meer. Dieser Landstrich steht für den heißen Beginn ihrer Liebe, für Leidenschaft, Sex, Freude und Verbundenheit.

Die Zeit am Meer ist eine willkommene Auszeit vom Alltag und zwar für beide. Sie sind weit weg von ihren alltäglichen Problemen miteinander. Sonja kann ihre Beziehungssehnsucht leben und Frank ist frei von Verflochtenheit mit anderen Frauen. Hier am Meer weiß er Sonja ganz für sich, ohne Vorwürfe zu hören oder sich verteidigen zu müssen. Sonja ist im siebten Himmel, Frank ist zugewandt, liebevoll, nur für sie da, er umsorgt sie und vermittelt ihr, sie zu lieben. »Diese enge Verbundenheit und auch der viele Sex sorgten wieder für eine enorme Bindung.« Sie versinken zusammen in der Illusion, alles sei gut. Aber das hält nur so lange, bis der Alltag wieder beginnt. Dann ist die gute Stimmung gleich wieder zerstört.

Diese Situation, vor allem auch die finanzielle, bedrückte mich sehr. Am nächsten Tag schaute ich als Erstes im Internet nach Arbeit. Eine Kleiderboutique suchte eine Aushilfe mit der Option auf eine unbefristete Anstellung. Sofort schrieb ich eine Bewerbung. Was ich Frank gegenüber erst einmal für mich behielt. Ich hatte Angst, er könnte mir das vermiesen. Nach zwei Tagen wurde ich zu einem Vorstellungsgespräch eingeladen. Oh, wie war ich happy. Und es klappte tatsächlich, ich bekam den Job. Endlich eigenes Geld verdienen, endlich unabhängig sein. Der Verdienst hielt sich in Grenzen, es war ja keine Vollzeitstelle, aber es war ein Anfang. Ich schwieg Frank gegenüber bis zu dem Tag, als ich meinen unterschriebenen Arbeitsvertrag nach Hause brachte. Allerdings zeigte ich ihm diesen nicht, sondern erzählte nur davon. Seinen Gesichtsausdruck werde ich nicht vergessen. Seine Backenmuskeln arbeiteten, der Blick verfinsterte sich. Und dann ging es schon los. So werde unsere Beziehung auf Dauer nicht funktionieren, ich sei ja dann viel seltener zu Hause und abends von der Arbeit erschöpft. Dann könnten wir nicht mehr so schön miteinander essen und auch der Sex würde darunter leiden. Außerdem würde ich bestimmt viele Männer kennenlernen und wer weiß, vielleicht gefalle mir ein anderer besser, und, und, und. Seine Eifersucht kam wieder in ihm hoch und

sein Besitzdenken. Es war zum Lachen, dabei war es ihm bit-
terernst. Doch ich blieb standfest und zog das durch, was ich
bis heute nicht bereut habe.

Jetzt kam beruflich eine schöne Zeit für mich, ich fing wieder
an zu leben und die Arbeit machte mir Spaß. Ja sicher, nun
gab es nicht mehr jeden Abend was Tolles zu essen, und klar
wollte ich manchmal einfach meine Ruhe. Aufgrund seiner
extremen Eifersucht wurden unsere Streits immer schlimmer.
Ständig dichtete er mir an, mit anderen etwas zu haben. Es
war zum Kotzen. Ich war eine treue Seele und musste mir
dauernd Vorwürfe anhören. Das machte mich irgendwann
stutzig – unterstellte er mir etwa sein eigenes Verhalten? Ging
er fremd? Plötzlich hatte ich kein Vertrauen mehr. Einmal
kam er angeblich gerade von der Arbeit, war aber frisch ge-
duscht und parfümiert. Ein anderes Mal entdeckte ich einen
unbekannten Geruch an ihm. Er versuchte sich mit Stress
herauszureden. Nein, etwas stimmte definitiv nicht. Auf Ver-
dächtigungen meinerseits reagierte er hoch aggressiv, schmiss
mit Kraftausdrücken um sich, sein Blick machte mir manch-
mal geradezu Angst. Und dann spielte er den Ball wieder mir
zu. Am Ende war immer ich an allem schuld. Mein Herz be-
kam einen weiteren Knacks ab. Die unbeschwerte Zeit war
längst vorbei, auf beiden Seiten herrschte Misstrauen. Auch
sexuell hatte sich einiges verändert, ich konnte mich ihm nicht
mehr so hingeben.

Narzisstische Ausbeutung

Die narzisstische Ausbeutung schreitet voran, je länger Sonja
und Frank zusammen sind: Sie muss zu seiner Verfügung stehen, wird für seine beruflichen Belange eingespannt, ob es ihr
passt oder nicht, soll für ihn kochen und das Heim schön her-

richten, gut aussehen und ihn im Bett befriedigen. «Und was bitte noch alles?« Er macht sich die Frau nach seinem Bild und sie muss es bedienen. Läuft etwas einmal nicht nach seinen Vorstellungen, ist er gekränkt und wird aggressiv. Dieses Verhalten zeigt, wie labil sein Selbstwertgefühl ist, er erträgt keine Frustration. Sonja lässt sich durch seine aggressiven Ausbrüche einschüchtern, sie bekommt Angst vor solchen Auseinandersetzungen und setzt Frank daher keine Grenzen. Sie traut sich z. B. nicht, ihm zu erzählen, dass sie sich auf eine Stelle beworben hat, weil sie befürchtet, er könnte ausrasten. Denn er will sie bei sich und unter seiner Kontrolle haben und kann nicht akzeptieren, dass sie eigenständig und unabhängig handelt.

Dieses Ducken vor seiner Aggression schwächt ihr Selbstwertgefühl immer mehr und nimmt ihr die Kraft, sich von ihm zu lösen. Dieser Schritt ist für sie zu der Zeit undenkbar, wie würde er darauf erst reagieren? Als einziges Mittel bleibt ihr, ihn ihrerseits zu beschimpfen und ihm anzudrohen, die Beziehung abzubrechen. Doch jedes Mal lässt sie sich wieder »einfangen«.

Eifersucht

Auffällig ist Franks extreme Eifersucht, die keinen realen Anlass hat. Als Auslöser genügt, dass Sonja unabhängig von ihm etwas tun will, wie z. B. arbeiten. Schon unbegründete Verdachtsmomente reichen aus, um eine Spirale negativer Gedanken, Beschimpfungen und verbaler Gewalt in Gang zu setzen.

»Der massiven Eifersucht ist am Ende jede Begründung recht – sei sie noch so irrational. Schon der Gedanke an eine Bedrohung genügt, um diese als real wahrzunehmen. Und plötzlich ist das Gehirn wie vergiftet.«[9]

Verbunden ist die Eifersucht bei Frank hauptsächlich mit

der Angst, die Macht über Sonja zu verlieren. Je eigenständiger sie wird, umso eher kann sie ihm entgleiten. Seine Eifersucht ist daher weniger Liebesbeweis als Ausdruck einer Verlustangst, sie nicht mehr zu beherrschen und an sich binden zu können.

Hinter diesem extremen Eifersuchtsgefühl steckt bei Frank eine große Selbstunsicherheit. Für ihn kann jeder Mann zu einem potenziellen Gegner werden, auch wenn das nur seinen eigenen Hirngespinsten entspringt. Aber nicht nur Menschen lösen seine Eifersucht aus, sondern alles, was Sonja tut und nicht ihm allein gilt. Das kann auch ein Buch sein, das sie in seiner Gegenwart liest und ihr Interesse absorbiert. Auch der Besuch bei ihrer Tochter oder das Zusammensein mit ihrem Sohn entziehen ihm Zeit und Beachtung und werden eifersüchtig bekämpft. Er erlebt es als Zurückweisung und reagiert wütend und gekränkt.

Durch seine Eifersuchtsattacken übt Frank Macht über Sonja aus, er hält sie in Schach, verunsichert und unterdrückt sie, sodass sie sich unterordnet und sich ihm zuwendet. Dann ist seine Welt wieder in Ordnung. Auf diese Weise wird die Beziehung allmählich zerstört.

In ihrer gemäßigten Form ist Eifersucht menschlich und weit verbreitet. Der amerikanische Psychologe David Buss hat den evolutionären Ursprung der Eifersucht erforscht. Für den Mann gründet er sich vorrangig in der Sexualität, weil er befürchten muss, ein Kuckucksei ins Nest gelegt zu bekommen. Die Frauen leiden mehr darunter, dass eine andere Frau die Zärtlichkeit und Zuwendung des Partners gewinnt. Einen »reinen« Seitensprung verzeihen sie deshalb eher als eine längere Liaison.

An einem Wochenende kam meine Tochter mit ihrem Freund zu Besuch, was mir sehr recht war. Ich freute mich und wir wollten zu dritt ausgehen. Aber da fühlte Frank sich ausge-

schlossen und reagierte beleidigt wie ein kleines Kind, dem man sein Spielzeug wegnimmt. Er liebe mich halt so und wolle immer bei mir sein. Doch wir blieben bei unserem Plan und hatten viel Spaß miteinander, bis er uns den Abend gehörig verdarb. Er war uns heimlich in das Restaurant gefolgt und setzte sich dazu. Wir führten unsere Unterhaltung fort, und er ertrug es nicht, uns so fröhlich zusammen zu sehen und nicht im Mittelpunkt zu stehen. Er war total gekränkt, sauer und fauchte uns an, sofort mit ihm nach Hause zu kommen. Die anderen Gäste bekamen seinen Auftritt natürlich mit. Julia bot ihm die Stirn, er solle nicht so rumkrakeelen und wenn er nach Hause wolle, solle er das doch in die Tat umsetzen, wir fänden auch alleine den Weg zurück. Sein Gesichtsausdruck war nicht zu beschreiben. Ich musste insgeheim grinsen und Julias Freund konnte sich das Lachen kaum verkneifen. Und siehe da, Frank sagte keinen Ton mehr. Wutentbrannt schmiss er einen Geldschein auf den Tisch und verließ das Lokal. Die Stimmung war dahin und ich lief ihm wieder mal hinterher. Im Auto herrschte absolutes Schweigen. Bis Frank ein paar sehr nette Sätze vom Stapel ließ und mir der Kragen platzte. Ich nannte ihn ein großes Arschloch und sein Verhalten inakzeptabel; er solle bleiben, wo der Pfeffer wächst. Grußlos stieg ich vor der Haustür aus und Frank fuhr wütend davon. Am nächsten Tag spulte Frank dasselbe Programm ab wie immer: Er entschuldigte sich, bat um Verzeihung, diesmal sogar bei meiner Tochter und ihrem Freund. Das ist ihm sicher nicht leichtgefallen. Und als wir wieder allein waren, kam er mit seiner Tränentour, und ich war diejenige, die tröstete und ihm verzieh. Wie lange denn noch?

Wir vertrugen uns wieder, aber ich dachte öfter über eine eigene Wohnung nach. Mir war das Haus zu teuer und ich wollte am liebsten wegziehen. Den Abend mit der großen Auseinandersetzung erwähnten wir beide nicht mehr und die Wochen liefen so dahin.

Die narzisstische Kränkung

Der Abend, an dem Sonja mit ihrer Tochter und deren Freund ohne Frank weggeht, ist exemplarisch für eine narzisstische Kränkung. Frank erträgt es nicht, dass sie sich angeregt unterhalten, lachen und sich gut verstehen. Sie sind gerne zu dritt, sie brauchen ihn nicht zu ihrem Glück. Frank fühlt sich überflüssig und ausgeschlossen. Er ist dadurch außen vor, bekommt keine Beachtung und konkurriert vergeblich mit Julia um Sonjas Zuwendung. Frank leidet und die anderen amüsieren sich. Was für eine Kränkung! Er kann nicht so leicht und locker sein, so sorglos Freude empfinden. Daher muss er die gute Stimmung zerstören. Das gelingt ihm durch seinen aggressiven Auftritt.

Julia lässt sich aber nicht so leicht verunsichern, sondern kritisiert sein Verhalten. Das macht ihn noch wütender, denn Kritik hält ein narzisstischer Mensch nicht aus. Frank fühlt sich entwürdigt, gedemütigt und beschämt. Sonja gegenüber reagiert er mit einem Wutausbruch. Der lässt ihn nach außen stark erscheinen und gibt ihm innerlich Kraft. Indem er angreift, bekommt er wieder die Oberhand. Seine Wut ist überbordend und nun hat er vorübergehend gesiegt, indem er sie eingeschüchtert hat.

Seinen Fehler kann er nicht wirklich zugeben, sondern nur in einer Unterwerfungsgeste um Verzeihung bitten. Das ist kein Schuldeingeständnis und auch keine echte Bitte um Verzeihung. Es ist ein manipulativer Trick, um die Zuwendung der anderen wiederzugewinnen. Durch reumütiges Verhalten, Tränen und eine herzerweichende Opferhaltung verführt er Sonja, bei ihm zu bleiben und ihm zu verzeihen. Damit hat er immer wieder Erfolg.

Vielleicht gestärkt durch ihre Tochter, bricht es aus Sonja heraus, wie ärgerlich sie ist. Doch im Grunde sind es dieselben Vorwürfe wie immer und sie enden in einem tausendsten

Streit, den sie wie üblich mit einer Drohung beendet und ihn stehen lässt. Es ist dennoch ein weiterer Meilenstein auf dem Weg zu Sonjas Befreiung, weil sie durch sein unmögliches Verhalten innerlich immer mehr Abstand zu ihm bekommt.

Frank wollte in seinem Leben etwas ändern, um mehr Zeit zu haben, und so beschloss er, sich in die Firma seines Freundes einzukaufen. Bis zur Übernahme der Firmenanteile musste noch einiges erledigt werden, viel Schreibkram und Organisatorisches.

An einem Samstag, ich hatte für den Abend was Schönes eingekauft, rief er mich am Spätnachmittag an, er müsse länger arbeiten und ich solle mit dem Essen nicht auf ihn warten. Na gut, dachte ich, dann kannst du endlich einmal im Fernsehen das anschauen, was du willst, denn meistens bestimmte er, welches Programm lief. Gegen 21 Uhr rief er wieder an und verkündete mit sichtlich guter Laune, es tue ihm leid, aber es ziehe sich noch hin, es gebe Probleme. Das kam mir komisch vor, und als er eine Stunde später immer noch nicht da war, entschloss ich mich, nachzusehen. Ich hatte zwar schon meinen Schlafanzug an, aber es war ja dunkel und im Auto würde mich keiner sehen. Also fuhr ich zur Firma seines Freundes und wunderte mich über die vielen Autos, die da standen. Als ich näher kam, war alles klar. Das großflächig verglaste Bürogebäude war hell erleuchtet, viele Menschen feierten mit Musik, und wer saß mit einer anderen Frau lachend mittendrin? Frank. Ich dachte, mir fliegen die Haare weg, das toppte alles Bisherige. Sein Riesenglück war, dass ich nur einen Schlafanzug trug, sonst hätte ich ihm eine Szene gemacht. Aber ich konnte nicht, denn so blamieren wollte ich mich nun doch nicht. Ich fuhr wütend nach Hause, packte seine Siebensachen zusammen und knallte sie vor die Haustür.

Lug und Trug

Die Lügereien und Betrügereien von Frank werden immer auffälliger und bestimmen allmählich die Beziehung zwischen ihnen. Als Sonja sich nicht mehr mit Ausreden abspeisen lässt, kommt sie ihm eines Abends auf die Schliche. Er betrügt sie mit einer anderen Frau. Was für eine tiefe Kränkung, als sie ihm heimlich nachfährt und ihn lachend und feiernd Arm in Arm mit einer anderen antrifft. Bei Sonja hat er sich mit einer fadenscheinigen Begründung abgemeldet. Das ist dann doch zu viel für sie. Sie hat die Lügen und den Betrug direkt vor Augen und kann nichts mehr leugnen oder schönreden. Ihre Verletzung ist so groß, dass ihr kein anderer Weg bleibt, als ihn rauszuschmeißen. Doch leider erweist sich auch dies als Sackgasse, ist aber immerhin ein Zeichen ihrer Wehrhaftigkeit.

Ich hatte seine Lügereien nun endgültig satt. In diesem Moment hasste ich ihn das erste Mal. Mit einer anderen Frau amüsierte er sich und bei mir machte er miese Stimmung. Meine Gefühle an diesem Abend kann ich schwer beschreiben. Ich war maßlos verletzt, jetzt war Schluss, jetzt brauchte er nicht mehr zu kommen. Ich wollte ihn nicht mehr sehen. Gegen eins klingelte es, aber ich machte ihm nicht auf. Ich schrie ihn durch die Tür an, dass ich ihn mit einer anderen gesehen hatte und es mir nun reicht. Er reagierte total schuldbewusst und aufgelöst. Durch den Türspion sah ich sein trauriges Gesicht und die Tränen in seinen Augen. Er schluchzte, flehte, heulte. Es tue ihm so leid, er habe mich nicht verletzen wollen. Aber ich ging nicht darauf ein, sondern forderte ihn auf, zu verschwinden. Er solle doch mit der anderen Frau glücklich werden. Mitten in der Nacht machte er so einen Aufstand, was mir peinlich war, aber ich blieb hart – und hätte konsequent bleiben sollen. Irgendwann gab er auf und nahm seine Sachen mit. Nur, um eine Stunde später erneut schluchzend vor der Tür zu stehen. »Bitte, bitte, lass mich rein«, flehte er. »Niemals«, sagte ich, »schlaf meinetwegen vor der Tür, aber ich gehe jetzt in mein Bett und zwar alleine.« Nachdem Frank weg war, blieb ich aufgewühlt und unendlich traurig zurück. Wieder ein Riss mehr durch mein Herz.

Am nächsten Morgen waren viele SMS von ihm auf dem Handy. Ich liebe dich, ich vermisse dich, ich brauche dich und werde alles ändern und alles wiedergutmachen, alles wird so, wie du willst und bla, bla, bla. Seine Worte berührten mich kein bisschen, und ich hatte die Hoffnung, nun endlich über ihn hinweg zu sein. Die Woche über reagierte ich nicht auf seine SMS und ging auch nicht ans Telefon, aber ich vermisste ihn. Ich konnte mir das nicht erklären, sobald die erste Wut verstrichen war und ich seine Stimme auf dem Anrufbeantworter hörte, fehlte er mir. Oh nein, ich litt schon wieder. Was war nur mit mir los? Warum kam ich von ihm nicht weg? Ich musste doch endlich stark genug sein und meinen Weg alleine gehen. Aber ich wollte nicht alleine sein. Und wenn er wollte, konnte er so lieb sein. Auf der einen Seite hasste ich seine Art und auf der anderen Seite brauchte ich ihn. Ein ewiger Kreislauf. Eine Hassliebe?

Ambivalente Gefühle

Man spürt die große Ambivalenz, die Sonja zu schaffen macht. Auf der einen Seite will sie Frank loswerden, weil sie sehr unter seinen Lügen und Betrügereien leidet, auf der anderen Seite vermisst sie ihn, sobald die Wut verflogen ist und sie an seine liebevollen Seiten denkt. Dieselbe Ambivalenz zeigt sich auch in Franks Verhalten: hinreißend einnehmend und übel abstoßend. Die abstoßende Seite löst Sonjas Wut und ihren Wunsch nach Trennung aus, die einnehmende ihre Hinwendung und Sehnsucht. Ambivalenz ist ein Gefängnis, aus dem es kein Entrinnen gibt. Schlägt man sich auf die eine Seite, kommt bald die andere wieder in den Blick und verhindert eine klare Entscheidung. So pendelt Sonja jahrelang zwischen Ablehnung und Hinwendung hin und her. Und Frank ist so geschickt, ihr immer wieder genügend Aufmerksamkeit zu geben, um sie an sich zu binden, sodass die Seite der Hinwendung stärker bleibt. Es wird noch viele Tiefpunkte geben, bis Sonja endlich den Weg in die Freiheit findet. Erst, wenn sie es überhaupt nicht mehr aushält und wenn das bisschen Zuwendung nicht mehr reicht, kann sie gehen.

Eine Woche verging und langsam wurde ich unruhig, denn seine Nachrichten wurden spärlicher. Doch dann rief er an und bat mich inständig, ihm noch eine Chance zu geben und mir wenigstens anzuhören, was er zu sagen habe. Ich stimmte zu und Frank kam, natürlich mit einem üppigen Blumenstrauß und meinem Lieblingskonfekt.

Es wurde wieder ein tränenreicher Abend, diesmal von beiden Seiten. Denn als ich seine Nähe spürte und er mich in die Arme nahm, kam mein ganzer Schmerz aus mir raus. Nie wieder werde er mich anlügen, beteuerte Frank, einzig seinem Freund und Geschäftspartner zuliebe sei er länger geblieben. Diese Frau sei zufällig auf der Feier gewesen, er kenne sie gar nicht und habe folglich auch nichts mit ihr. Aber er habe eingesehen, dass er sich falsch verhalten habe, und er könne mir gar nicht sagen, wie schwer sein Herz sei. Ein Leben ohne mich sei undenkbar, ich dürfe ihn nicht aus meinem Leben bugsieren. Er lag wie immer weinend in meinen Armen, auf meiner Brust. Als Außenstehender hätte ich dieses Bild wohl so gedeutet: ein Kind, das in den Armen der Mutter Trost und Liebe sucht, und eine Mutter, die ihr Kind beschützend in den Armen hält. Was war das für eine Beziehung? War eigentlich ich dieses Kind, das ich in den Armen hielt? Ich sagte ihm, dass es für mich ein Signal gewesen wäre, wenn er mit mir das Fest besucht hätte. Er stimmte mir zu und wir versöhnten uns wieder. Diesmal hatte unsere Versöhnung nichts mit Sex zu tun, es war einfach nur schön. In dieser Nacht liebten wir uns im wahrsten Sinne des Wortes.

Der verletzte kleine Junge

Nach dem Rausschmiss, ihrem ersten mutigen Schritt in Richtung Abgrenzung, wendet sich das Blatt wieder. Frank zeigt seine andere Seite, den kleinen, verlorenen und einsamen Jungen, der weinend um Verzeihung bettelt. Der sich völlig erniedrigt, bis er wieder in ihrem Schoß und an ihrer Brust in Sicherheit ist. Das scheint keine Taktik zu sein, weil sein Leid groß und spürbar ist, weshalb Sonja auch dieses Mal wieder weich wird und ihn aufnimmt. Denn sie fühlt die Verlassenheit des Kindes und sein großes Bedürfnis nach Schutz. Sie fängt ihn auf. Seine Beteuerung, er liebe und brauche sie, stimmt, denn er ist in diesem Moment wirklich in Not. Sonja aber hält das für einen Ausdruck seiner Liebe. Es ist jedoch keine erwachsene Liebe zwischen Mann und Frau, sondern eine wie zwischen Mutter und Kind.

Dieser kleine Junge in ihm ist der Teil, der nicht erwachsen geworden ist und jemanden braucht, der ihn beschützt. Die Psychologie spricht in einem solchen Fall von Ego States, also Ich-Anteilen, die sich aus nicht verarbeiteten Verletzungen bilden. Hatte Frank beispielsweise ein traumatisches Erlebnis, weil er als Kind alleingelassen oder verlassen wurde, dann hat sich in diesem Alter der Ego State herausgebildet, der im Erwachsenenleben immer dann die Führung übernimmt, wenn es erneut um Trennung und Verlassenheitssituationen geht. Und das ist der Rauswurf allemal. Die Erwachsenenfunktion ist dann völlig oder in hohem Maße beeinträchtigt und das ganze Erleben, Fühlen und Verhalten entspricht dem kindlichen Alter und nicht dem realen. Frank wirkt, als sei er drei oder vier Jahre alt. Dieser Teil kommt auch dann zum Vorschein, wenn sie sich nach einem intensiven Wochenende trennen müssen.

Allerdings hilft ihm die Flucht in Sonjas Schoß nicht wirklich, weil die frühe Verletzung, die Frank als Kind erlebte, dadurch nicht geheilt wird.

»Hinter der prächtigen Fassade ist ein emotional verwahrlostes, verzweifeltes Kind, das nach Anerkennung und Spiegelung seiner wahren Identität hungert.«[10]

So wird die verletzte Seite der narzisstischen Persönlichkeit beschrieben, und die kann keine Partnerin heilen.

Die Frau kann den Hunger nach Anerkennung nicht stillen. Im Gegenteil. Möglicherweise wird der Mann erfahren, wieder nicht wirklich geliebt, angenommen und behütet zu werden, weil er sich wie ein Kind benimmt, das die Frau nur bedingt ernst nehmen kann. Im schlimmsten Fall löst dieses Verhalten bei der Partnerin sogar aggressive Impulse aus, weil sie es nicht erträgt, den starken Mann so hilflos und schwach zu erleben. Denn diese Seite kennt sie von sich selbst zur Genüge und will sie nicht auch noch bei ihm erleben.

Weder bei sich noch bei ihm kann die Frau diese Seite akzeptieren und muss sie daher verdrängen und bekämpfen. Auch wenn sie ihn im Arm hält, bleibt die unterdrückte Wut spürbar. Sie fordert den Mann ein, der nicht mehr da ist, und kann nicht vergessen, was er ihr angetan hat. Wie soll sie da das Kind liebevoll behüten?

Auf der anderen Seite bekommt sie natürlich auch etwas von ihm, wenn er in ihren Schoß flüchtet. Er ist anschmiegsam, liebevoll, ohne Vorwürfe, dankbar, einschmeichelnd und die körperliche Nähe tut gut. Zugleich spürt sie, dass sie auch ihren eigenen kindlich-verletzten Anteil im Arm hält, der Unterstützung und Sicherheit braucht.

Frank war, wie wir hören werden, ein nicht gewolltes und nicht geliebtes Kind. In jedem Fall hat er eine unverarbeitete Verletzung und versucht sie als Erwachsener über die Partnerin zu heilen. Sicher fühlen kann er sich nur dann, wenn Sonja sich so verhält, wie er es sich vorstellt. Die Autonomie der Partnerin ist bedrohlich für ihn, weil seine verletzte Seele es als ein Verlassenwerden erlebt. Er befürchtet, dass sie sich von ihm entfernt und er alleine zurückbleibt. Diese innere Verzweiflung äußert sich in aggressivem Verhalten, in Anschreien und Gewalt. Nur wenn er die Kontrolle über Sonja hat, kann er seinen verletzten Kinderanteil ruhigstellen. Und dafür muss sie seine Erwartungen erfüllen.

Die nächsten Tage und Wochen liefen wieder einigermaßen normal und Frank bemühte sich sehr. Er war noch anhänglicher als vorher und im Moment ganz lieb zu mir. Er regte sich auch nicht über meine Arbeit auf, wollte aber auch nicht, dass ich etwas davon erzähle. Ich konnte mein anderes Leben nicht mit ihm teilen, das ertrug er nicht. Das fand ich sehr schade und irgendwie auch nicht normal.

Da es uns immer gutgetan hatte, die Umgebung zu wechseln, planten wir, ans Meer zu fahren. Doch diesmal war meine Freude nicht ganz so groß, denn ich erkannte, dass diese Tage nichts anderes waren als eine Flucht. Eine Flucht vor dem Alltag mit seinen Problemen und Verwicklungen. So konnte es nicht weitergehen. Ich nahm mir vor, mit ihm ein klärendes Gespräch zu führen. Denn die Scheidung hatte er immer noch nicht eingereicht.

An unserem letzten Abend am Meer war Frank unterwegs, um Wein zu kaufen. Ich machte das Haus schon abreisefertig, räumte auf und ging mit dem Staubsauger durch die Räume. Dabei stieß ich an seinen Schreibtisch und es fielen einige Papiere runter. Als ich sie zurücklegen wollte, stach mir eine sehr hohe Getränkerechnung in die Augen. Sie stammte aus einem Swingerklub, zu der fraglichen Zeit war er angeblich auf einer Dienstreise gewesen. Angeheftet war die Visitenkarte einer Begleitagentur mit einer Telefonnummer und den Initialen G. M. Mein Bauchgefühl schlug Alarm. War er tatsächlich in einem Swingerklub gewesen? Wer war G. M.? Eine Nutte?

Ich war wie gelähmt und versuchte mich mit dem Gedanken zu beruhigen, es handle sich wohl um einen einmaligen Ausrutscher und habe keine größere Bedeutung. Aber es half alles nichts, ich wollte jetzt endlich die Wahrheit herausfinden.

Kaum war ich wieder daheim, machte ich meinen Computer an, denn diese Begleitagentur und der Swingerklub ließen mir keine Ruhe. Was ich dort las, verschlug mir die Sprache. Der Swingerklub arrangierte Treffen, man konnte sich also eine Frau »bestellen«.

G. M. fand ich dann auch, eine attraktive Frau mit einem beachtlichen Angebot. Ich schnappte nach Luft. Hatte dieser Schuft mich doch tatsächlich mit einer Nutte betrogen!!! Das empfand ich als ekelhaft und niederträchtig. Und da wurde mir klar, er betrügt immer, er betrügt jede Frau, er braucht das offensichtlich für seine Selbstbestätigung. Vor allem wohl, wenn er sich am Boden fühlt wie nach dem Streit zwischen uns. Ich hatte ihn ja nicht ins Haus gelassen. Holte er sich nach jedem Streit eine von der Straße? Ich kochte, aber es war mir auch zum Heulen zumute.

Ich rief bei der Agentur an, bekam aber natürlich keine Auskunft. Darauf schaltete ich einen Bekannten ein und bat ihn, sich für G. M. zu interessieren. Er fand heraus, dass ein Kunde sich mit Adresse anmelden und bezahlen muss, bevor er die Kontaktdaten erhält. Man konnte diese Damen auch für die ganze Nacht buchen, das kostete allerdings einiges.

Als ich Frank mit dieser Geschichte konfrontierte, stellte er sich erst mal dumm. Es reichte mir. Ich brüllte ihn so laut an, dass ich fast heiser wurde, für wie blöd er mich eigentlich hielt. Hatte er da schon immer seinen Spaß gesucht?

Meine Aufregung fand er völlig überzogen, es sei doch nichts dabei, viele Männer und Frauen gingen in einen Swingerklub. Er müsse da ja alleine hingehen, ich wolle doch bestimmt nicht mitkommen. Außerdem habe er sich nach dem Streit so alleine gefühlt, er habe jemanden zum Reden gebraucht. Aber das mit G. M. habe er dann abgebrochen, meinetwegen.

Ich wusste nicht, ob ich lachen oder weinen sollte. Am liebsten hätte ich ihm eine gescheuert. Doch dann kam der alte Frank wieder zum Vorschein. Alles sei meine Schuld, ich hätte ihn rausgeschmissen, so was mache man doch nicht (mag sein), und ihn im Regen stehen gelassen. Verzweifelt sei er gewesen, er liebe mich doch so und habe gedacht: Da kann ich gleich von einer Brücke springen, ohne Sonja hat das Leben keinen Sinn. Wenn ich ihn nicht so behandelt hätte, wäre es gar nicht so weit gekommen. Damit lag der schwarze Peter wieder bei mir. Ich hatte mich falsch verhalten, ich hatte ihn »fast« in die Arme dieser Frau getrieben. Hilfe, was war das für ein Mensch.

Und dann kam was? Tränen, Tränen und Tränen. Er gab zu, sich wie ein Arschloch verhalten zu haben, aber nur aus dieser Verlustangst heraus sei er so eifersüchtig und benehme sich unmöglich.

Ab da war mein Herz nur noch in Sprüngen. Nach diesem Desaster brauchte ich ein paar Tage meine Ruhe.

Misstrauen entsteht und wächst

Trost und Selbstbestätigung erfährt Frank hauptsächlich über Sexualität. Sie lässt ihn Mann sein und gibt ihm Überlegenheit zurück, die er durch den Rauswurf verloren hat. Dass er

Sonja damit zutiefst verletzt, kommt ihm gar nicht in den Sinn. Das gegenseitige Misstrauen erreicht einen Höhepunkt. Keiner schenkt dem anderen mehr Glauben, Gespräche geraten schnell zum Vorwurf und enden im Streit.

Es zerbricht wieder etwas in Sonja, als sie entdeckt, dass er mit einer Prostituierten zusammen war. Als sie ihn damit konfrontiert, leugnet er und schiebt ihr am Ende wieder die Schuld dafür zu. Er habe sich nur deshalb mit einer anderen Frau getroffen, um sich zu trösten, nachdem Sonja ihm ihre Liebe und Nähe entzogen habe.

Das klingt zwar für die Partnerin wie eine platte Ausrede und ist es auch. Aber für den kindlich-verletzten Teil in ihm ist es die Wahrheit. In seiner seelischen Not des Alleingelassenseins muss Frank sich jemanden suchen, der ihn tröstet und sein Selbstwertgefühl aufbaut.

Sein Verhalten zeigt aber auch, dass er nicht fähig ist, erwachsen und problemlösend zu reagieren, sondern blind seinen kindlichen Antrieben folgt. Ihm fehlt eine angemessene Impulskontrolle, die es ihm ermöglichen würde, auch in seelischen Notsituationen ein erwachsener Partner zu bleiben.

Narzisstische Konflikte sind in der Regel mit Kampf und Verletzungen verbunden. Die Dialogbereitschaft kommt zum Erliegen und statt Verständigung, gegenseitiger Achtung, Wertschätzung und Vertrauen herrschen Vorwürfe, Betrug und Gewalt. Seelische oder auch körperliche Angriffe stärken zwar eigene Überlegenheits- und Machtansprüche, legen aber den Grundstein für eine fortschreitende Entzweiung.

Hin und Her

Halbherzige Trennungsversuche

Die ganze Woche versuchte ich, Frank von mir fernzuhalten. Es tat alles so weh. Ich fühlte mich so getäuscht, ausgenutzt, benutzt. Aber alleine wollte ich auch nicht sein und nicht wieder von vorne anfangen müssen. Dazu kam eine gewisse Scham. Und doch: Es regte sich trotz allem noch ein Gefühl für ihn. Es nahm zwar ab, aber es war noch vorhanden. Das machte alles so schwer. Und wenn er dann wieder am Telefon seine Trauernummer abzog, bekam ich Mitleid. Und was bewirkte das? Dass er wieder wie ein reumütiger Dackel bei mir saß. Warum schaffte er das immer wieder?

Mein Verstand sagte mir ganz genau, was Sache war – aber mein Gefühl oder vielleicht mein Traum von einer heilen Welt, meine Sehnsucht nach Liebe machten mich nachgiebig. Und dann begann alles wieder von vorne. Meine Schwächen kannte er nur zu gut und deswegen schaffte er es auch immer wieder, dass ich ihn sehr nahe an mich ranließ. Nach einem Streit war ich noch liebesbedürftiger als sonst, und das nutzte er geschickt aus. Er konnte ein fantastischer Liebhaber sein und mir vermitteln, es gehe nur um mich. Das wollte ich nicht missen. In solchen Momenten fühlte ich mich begehrt und geliebt und nicht so einsam wie sonst, wie schon als Kind. Wenn er da war, war diese Sehnsucht gestillt. Das Verhältnis zu meinem Sohn war ja das von Mutter und Kind und konnte mir bei aller Liebe keinen Partner ersetzen. Ich hatte viel nachgedacht und mir war klar geworden, dass ich nicht glücklich

werden würde an Franks Seite, nicht so, wie ich es mir ge-
wünscht hatte, als seine Frau. Er würde sich nie scheiden las-
sen. Irgendwie werde ich diese Trennung schon überwinden,
dachte ich, und ging die Suche nach einer Wohnung beherzt
an. Ich wollte mich ja trennen, eigentlich.

Gründe, bei Frank zu bleiben

Es gibt viele Gründe, warum Sonja an der Beziehung zu Frank
festhält:
- ihre Liebesbedürftigkeit;
- ihre Angst vor dem Alleinsein;
- ihre Einsamkeit seit Kindheitstagen;
- ihre Sehnsucht, begehrt zu werden;
- ihr Wunsch nach Beachtung;
- ihr Schamgefühl bei einem erneuten Scheitern.

Das Zusammensein mit Frank und seine teilweise liebevolle
Zuwendung haben diese Wünsche und Sehnsüchte immer
wieder zum Teil gestillt. Damit verbunden erfuhr sie eine
Selbstbestätigung und Steigerung ihres Selbstwertes.

Diese Faktoren sind entscheidend dafür, dass Sonja sich
zum jetzigen Zeitpunkt nicht trennen kann.

Sonjas erster emanzipatorischer Akt war die Suche nach
einem Job, der ihr finanzielle Unabhängigkeit eröffnet und
zugleich ihren Selbstwert stärkt. Ihr zweiter Schritt ist die Suche nach einer eigenen Wohnung und damit zu mehr Eigen-
ständigkeit und Autonomie. Um sich von Frank zu lösen,
muss sie sich auch räumlich verändern.

Beide Schritte sind zur Ablösung wichtig, weil sie stark machen und zu den eigenen Kompetenzen zurückführen. In den
eigenen vier Wänden kann Sonja selbst bestimmen, wen sie
hereinlässt und ihr Leben nach ihren Vorstellungen gestalten.

Job und Wohnung sind die Basis für ein frei bestimmtes Leben in Unabhängigkeit.

Allmählich bekam Frank mit, dass ich eine Wohnung suchte und flippte total aus. Ich würde meine Entscheidungen immer ohne ihn treffen, was das solle. Wir hätten doch ein schönes Haus und für ihn sei es dann bestimmt viel weiter ins Büro. Ich ließ ihn schimpfen. Dann sagte ich ihm, dass er auch gar nicht mit umziehen solle, sondern nur mein Sohn und ich. Und dass ich es endgültig satthabe, dieses ganze Theater, diese Lügen und Ausreden. Diese ständigen Streitereien. Eigentlich alles. Daraufhin fing er an zu schreien. Er gehe jetzt und so einen wie ihn würde ich nie wieder finden. Wutentbrannt rannte er nach oben, holte seine Sachen und verließ das Haus. Der Motor seines Autos heulte auf und er brauste los. Irgendwie fühlte ich mich erleichtert. Ich wollte wieder frei sein.

Es kommt, wie es kommen muss, Frank fällt aus allen Wolken, macht eine erregte Szene und rastet völlig aus, als er erfährt, dass sie mit ihrem Sohn alleine in eine neue Wohnung einziehen will. Türen knallend verlässt er das Haus und prophezeit, sie werde nie wieder so einen Mann finden. Doch sein Abschied ist nicht endgültig, er kommt wieder und lässt sich nicht so schnell in die Flucht schlagen.

Nun, wie hätte es anders sein sollen, es dauerte keine halbe Stunde, da klingelte das Telefon und er entschuldigte sich für seinen Wutausbruch. Ich solle doch nicht alles in die Tonne klopfen. Diese wundervolle Beziehung, diese große Liebe. Wie bitte? Davon waren wir inzwischen weit weg. Hatte es die überhaupt jemals gegeben? Trotz seiner ständigen Anrufe blieb ich hart, ich wollte das jetzt durchziehen, hatte die Demütigungen satt. Am Abend erzählte ich meinem Sohn von der Trennung. In seinen Augen sah ich Zweifel. Ja, mein Sohn hatte schon einiges in der Beziehung zwischen Frank und mir erlebt. Ich konnte ihn verstehen.

Komischerweise schlief ich in dieser Nacht gut. Ich vermisste Frank nicht, träumte von meiner neuen Wohnung und meiner Freiheit. Am Morgen stand er vor der Tür. »Nein, nicht schon wieder dieser Idiot«, dachte ich, und wusste zugleich, dass er keine Ruhe geben würde, bis ich aufmache. Also ließ ich ihn rein. Er war sehr sanft und zugewandt, kramte all die wunderbaren Erinnerungen hervor. Er zeigte mir Fotos aus unserer verliebten Anfangszeit. Ja, es waren schöne Bilder. Ein Paar, glücklich und zufrieden mit der Welt und mit sich. Aber das war einmal.

Er beschwor unsere Liebe: Weißt du noch? Wie ich es hasste, und doch drückte er mal wieder den richtigen Knopf. Mir kamen die Tränen. Und schon war er für mich da, umarmte mich, und es tat mir gut. Dann kam wieder dieselbe Leier: »Schatz, ich mach alles besser. Ich brauch dich doch, ich will dich nicht verlieren.« Während mir weiterhin die Tränen runterliefen, brach alles aus mir raus, ich sagte ihm, was ich dachte, was ich fühlte und wie schlecht es mir ging. Von Anfang an sei ich nur das fünfte Rad am Wagen gewesen, und das wolle ich nicht mehr. Ich wünsche mir eine harmonische Beziehung, mit Liebe und Verständnis. Er doch auch, sagte er, und wir schaffen das schon. Er gehe jetzt zum Anwalt wegen der Scheidung. Und wenn ich umziehen wolle, dann werde er mir dabei helfen. Ich könne mich auf ihn verlassen. Ja klar, und wie. Aber ich konnte im Moment nichts darauf erwidern. Meine Gefühle fuhren Achterbahn. Und so ging es weiter wie bisher, ich ließ ihn wieder in mein Leben. Ich war einfach zu schwach.

Narzisstische Verführung und der Teufelskreis beginnt von vorne

Droht die Trennung, soll eine spezielle Form der Verführung die Frau an ihrem Befreiungsschlag hindern. Frank zeigt uns, was damit gemeint ist. Sobald er merkt, dass er Sonjas Weggang nicht mehr aufhalten kann, schwenkt er um, akzeptiert ihren Auszug und bietet ihr sogar seine Hilfe an. Auf diese Weise will er ihr beweisen, dass er der liebende Mann ist, auf den sie sich verlassen kann. Im Grunde aber will er sie mit Wohlverhalten wieder einfangen.

Er dekoriert seine Rückeroberung mit Fotos aus alten Zeiten und lässt dadurch die guten Gefühle von damals aufleben. Seine Manöver verfehlen ihre Wirkung nicht. Dieser Rundensieg geht also an ihn, er hat es wieder einmal geschafft.

Ich kam nicht von Frank weg, auch weil ich keine Wohnung fand! Die Suche gestaltete sich wider Erwarten als schwierig, immer wieder machten die Vermieter einen Rückzieher. Ich war sehr enttäuscht, denn ich hatte einen großen Drang, von Frank und dem gemeinsamen Haus wegzukommen, wo ich so viel gelitten hatte. Ich verstand die Welt nicht mehr, was war los? Es war wie verhext, keiner wollte mich und meinen Sohn.

Auf der anderen Seite veränderte sich Frank. Er akzeptierte plötzlich vieles, nahm gewisse Einschränkungen in Kauf, nörgelte nicht mehr über meinen Job und versuchte Streitigkeiten zu vermeiden. So, als hätte er sich psychologische Hilfe geholt. Er redete richtig vernünftig mit mir, er könne mich ja verstehen und wolle doch nur, dass es mir gut geht. Frank änderte seine Strategie. Er fütterte mich mit Zuneigung, Zuversicht und der Hoffnung, dass er sich ändern werde und es vielleicht doch noch ein Happy End für uns geben könnte. Er hatte ja auch diese Seite und konnte sehr nett und liebevoll sein. Es irritierte mich, machte mich wieder gefügiger. Denn nun sprach er von Scheidung, von klärenden Gesprächen mit seiner Frau. Ihm sei bewusst, dass er manchmal ein Kotzbrocken sei. Irgendwie faszinierend, was manche Menschen auf Lager haben. Aber er erreichte zunächst wieder, was er wollte, ich kam ihm erneut entgegen.

Frank zieht alle Register, um Sonja zurückzugewinnen und sie an der Trennung zu hindern. Dinge, die sie sich wünscht, löst er plötzlich ein, auch kommt er ihr ein Stück entgegen, indem er nicht mehr über ihre Arbeit schimpft. Er kümmert sich um sie, ist aufmerksam und liebenswürdig, in der Hoffnung, sie zu beruhigen und wieder positiv für sich zu stimmen. Auch seine Beschwörungsformel, er liebe sie doch und wolle sie auf keinen Fall verlieren, lässt Sonja wieder dahinschmelzen. Sie kann ihm einfach nicht mehr böse sein und es endet immer im Bett.

Doch dann bekam ich eines Tages durch Zufall heraus, warum Frank so zugewandt und guter Laune war. Er konnte sich nämlich sicher sein, dass ich nicht ausziehe, weil er mich bei den Vermietern anschwärzte. Frank intrigierte gegen mich und meinen Sohn. Er hatte sich verplappert und höhnisch gefragt, ob ich die Wohnung in der Mühlenstraße bekommen hätte. Woher wusste er davon? Verfolgte er uns, wenn wir die Wohnungen besichtigten oder las er in meinen E-Mails, welche Anfragen ich abgeschickt hatte? Mein PC war nicht mit einem Code gesichert, ich hätte nie gedacht, dass er mich ausspioniert. Wie ich dann in Erfahrung brachte, gab er sich gegenüber den potenziellen Vermietern als mein Gatte aus und behauptete, ich sei nicht zurechnungsfähig und habe auch kein Geld, um die Miete zu bezahlen. Die Leute waren ihm dankbar, glaubten sie doch, er habe sie vor einem großen Fehler bewahrt. Das schlug dem Fass den Boden aus!
   Natürlich leugnete er. Das sei eine üble Unterstellung. Und

dann wurde er so wütend, dass ich Angst vor ihm bekam. Nachdem ich eingelenkt hatte, um den Streit nicht eskalieren zu lassen, sagte er unter Tränen, er wolle doch nur, dass ich bei ihm bleibe. Wir würden ganz von vorne anfangen, er lasse sich scheiden, gebe sein Appartement auf und ziehe ganz ins Haus. Fragend schaute ich ihn an und wollte wissen, ob das jetzt sein Ernst sei. Ja natürlich, jetzt könnten wir unser Leben neu ausrichten, gemeinsam. Ich müsse doch anerkennen, wie er sich in letzter Zeit bemühe und zu mir stehe. Er wolle alle meine Wünsche erfüllen, und künftig würden wir als große, glückliche Familie zusammenleben.

Ich konnte es nicht fassen, er meinte es tatsächlich ernst. Was mir in diesem Moment alles durch den Kopf ging, weiß ich nicht mehr. Ich weiß nur, dass ich es ihm abnahm. Nächster Punkt für ihn. Allerdings musste er die Scheidung einreichen. Das war meine Bedingung. Nun sollten endlich geregelte Verhältnisse herrschen.

Dr. Jekyll und Mr. Hyde

Frank hat zwei wesensverschiedene Seiten, eine gute und eine böse. Wie sein literarisches Vorbild kann er schnell von einer Seite zur anderen wechseln. Das geschieht in Momenten, in denen er angegriffen oder kritisiert wird, sobald es nicht nach seinen Vorstellungen läuft oder er verlassen zu werden droht. Situationen, in denen er unsicher und ängstlich wird.

So läuft es auch nach der Aufdeckung seines perfiden Hintertreibens der Wohnungssuche. Erst wehrt er sich vehement und aggressiv gegen die Anschuldigungen, bis er in Tränen ausbricht und zu Kreuze kriecht.

Bei Frank ist seine böse Seite offen gewalttätig: Er bedroht Sonja mit Blicken und Gesten, schreit, lügt, hintergeht und betrügt sie. Dass er so schnell danach wieder der Nette oder auch der Unterwürfige ist, macht es Sonja schwer, bei ihrer Ablehnung zu bleiben und sich endgültig zu trennen. Er bekommt sie sogar dazu, die Wohnungssuche aufzugeben, weil er ihr verspricht, ihre Träume von der heilen Familie zu erfüllen, also ihre tiefste Wunde zu heilen. Dass er immer wieder Salz in diese Wunde streut und sie vergrößert, statt sie zu heilen, begreift Sonja erst viel zu spät.

Spiel, Satz und Sieg?

Ich hätte nicht gedacht, dass ich mich tatsächlich mit dem Gedanken auseinandersetzen würde, mit ihm in diesem Haus zu bleiben. Die Bedenken meiner Freundinnen schob ich weg, wie schon früher.

Meistens habe ich mich mit ihnen heimlich getroffen, denn Frank wollte das nicht. Sie hatten von Anbeginn ihre Zweifel, ob alles stimmte, was er mir erzählte. Sie fanden seine Reaktionen sehr übertrieben und fragten sogar mal, ob er krank sei. Ich hörte ihnen zwar zu, aber es gefiel mir nicht, was sie über Frank sagten. Also wischte ich das weg.

Als sie ihn aber persönlich kennenlernten, waren sie hin und weg von ihm und konnten mich verstehen. So ein toller Mann. Frank konnte umgarnen, überaus nett und charmant sein und er hob mich vor meinen Freundinnen in den Himmel. Sie beneideten mich wieder! Er beeinflusste alle um sich herum, das ging so weit, dass meine beste Freundin meinte, sie könne sich gar nicht vorstellen, dass er sich so ekelhaft benehmen könne. Es war ein Wechselbad der Gefühle für mich. Es stimmte mich immer wieder weich, wenn er vor anderen so von mir schwärmte. Dagegen konnte ich mich lange nicht wehren.

Warum habe ich die Warnungen meiner Freundinnen nicht ernst genommen? Ich wachte immer noch nicht auf aus meinem Wunschtraum.

Fassadenhafte Beziehungen

Es ist schon erstaunlich, wie Frank es versteht, alle Frauen um den Finger zu wickeln. Ihm gelingt es selbst bei denen, die ihm sehr kritisch gegenüberstehen, wie bei Sonjas Freundinnen. Sie halten ihn sogar für krank, fallen dann aber auf seinen Charme herein. Das ist eine unglaubliche Gabe, die er besitzt. Kaum jemand entkommt ihm, denn alles an ihm passt. Er ist eine perfekte Inszenierung seiner selbst: sein Auftreten, sein gepflegtes Aussehen, seine warme Stimme, seine Wortwahl und seine – wenn auch gespielte – Zugewandtheit haben eine durchschlagende Wirkung. Allerdings beziehen sich seine Fähigkeiten auf Äußerlichkeiten, also auf seine Fassade. Er kann nur punkten, wenn er andere verführen und auf seine Seite ziehen will. Letztlich tut er es nur für sich, um gut dazustehen und Beachtung zu bekommen. Schaut man hinter die Fassade, wird man enttäuscht, denn das Bild, das Frank von sich zeigt, kann er auf emotionaler Ebene nicht aufrechterhalten. Seinen Beziehungen fehlt Tiefe und Wahrhaftigkeit. Alles ist auf Wirkung angelegt, nicht auf gegenseitige Bezogenheit. Wer also mehr als den schönen Schein oder die perfekte Illusion will, wird sich schnell von ihm abwenden, vor allem, wenn er merkt, dass Frank lügt und betrügt. Und auch Frank wird nur durch den äußeren perfekten Schein der anderen angezogen. So bewertet er das gute Aussehen von Sonja sehr hoch, ebenso ihre Kochkünste und die Tatsache, dass er mit dieser Frau an seiner Seite angeben kann. Auch hier rangiert die Wirkung vor der emotionalen Beziehung. Dieser entzieht er sich völlig. Er genießt die Gespielin, lässt sich bekochen und hat ein erfülltes Sexualleben, aber er geht weder Verpflichtungen ein, noch ist er emotional unterstützend für Sonja da.

Er redete immer wieder auf mich ein, malte unsere Zukunft in den schönsten Bildern aus, und so tendierte ich immer mehr zum Bleiben. Ich hätte darauf drängen sollen, dass er erst die Scheidung hinter sich bringt, aber ich kam ihm wieder entgegen. Es ist schon komisch, wie schnell man alles Negative beiseiteschieben oder verdrängen kann. So nach dem Motto, die Hoffnung stirbt zuletzt. Meine Hoffnung gründete auf meiner Sehnsucht nach Harmonie und Liebe. Seit dem Tod meiner Mutter begleitete mich diese Zuversicht – alles wird gut werden, Herausforderungen lassen sich meistern. Denn genau das hatte mir meine Mutter damals am Sterbebett gesagt: »Mein Kind, egal wie tief du fällst, steh einfach immer wieder auf und alles wird gut.« Lernte ich die vielen Niederlagen auch als Chance zu sehen? Ging es darum, durchzuhalten, bis es besser wird? Meine Mutter war sehr gläubig und sagte immer, alles habe einen Sinn. Dieser Vorstellung lief ich wohl hinterher. Doch meine Hoffnung trieb mich in den nächsten Irrsinn.

Festklammern an der Hoffnung

Hier wird ganz deutlich, dass Sonja noch nicht an dem Punkt ist, an dem ihr eine Trennung möglich wäre. Das Leid ist noch nicht größer als die Angst vor dem letzten Schritt aus der Beziehung. Auch Außenstehende wie ihre Freundinnen können die Ablösung nicht bewirken. Andere können uns zwar beeinflussen, doch hören wir meist nur auf das, was unsere Einstellung unterstützt. Und da Sonja weiter auf ein gutes Ende hofft, hält sie an der Beziehung fest. Menschen ändern dann etwas, wenn ihr Elend stärker ist als der Gewinn des Aushaltens. Ihre Hoffnung zieht Sonja aus seinen Worten, doch wie trügerisch das ist, spürt und erfährt sie später. Sie nennt es sogar Irrsinn, in den die Hoffnung sie getrieben habe.

Auch die Sätze und die Einstellung ihrer Mutter beeinflussen Sonja stark. Sie sucht einen Sinn im Leid und setzt auf die Kraft des Durchhaltens.

So positiv Franks Bemühungen auf mich wirkten, blieb doch eine Restunsicherheit. Frank spürte es, und ein Mann wie er gab nicht auf. Meine Zweifel setzten weitere Energien in ihm frei, um an sein Ziel zu kommen. Frank schwärmte, wie glücklich er jetzt sei. Für uns werde ein neues Leben beginnen, und als Zeichen dessen werde er mich über die Schwelle tragen. Ach, wie schön sich das anhörte. Wollte ich es glauben? Ja, das wollte ich. Auf die Erfüllung seines Versprechens wartete ich leider vergebens.

Nachdem wir uns endgültig fürs Zusammenleben entschlossen hatten, verhielt Frank sich wieder merkwürdig. Er hatte auch dieses Mal nur ein paar Sachen dabei, keine Möbel, und es war auch keine Rede mehr davon, das Appartement aufzulösen. Manchmal war er gereizt und ich merkte, dass irgendetwas nicht stimmte. Glücklich war er nicht und damit ich auch nicht.

Spätestens jetzt müsste Sonja den Absprung finden. Denn es ist sonnenklar, dass Frank seine Versprechen wieder nicht wird einhalten können. Er will sie über die Schwelle tragen, die er selbst nicht überwinden kann. Das zeigt er ihr so deutlich, dass es »eigentlich« nicht zu übersehen ist. Doch die in Aussicht gestellte glückliche Zukunft und die Hoffnung haben immer noch mehr Kraft.

Frank hatte nach wie vor etwas gegen meine Berufstätigkeit, da er aber merkte, wie wichtig mir das war, schlug er vor, in der Firma mitzuarbeiten, in die er sich vor Kurzem eingekauft hatte. Ich sollte unter seiner Anleitung die Internetseite betreuen. Auf diese Weise wären wir immer zusammen und er

*könnte jederzeit bei mir vorbeikommen. Endlich hätten wir
ein gemeinsames Zuhause, wir würden an einem Strang ziehen und könnten über unsere Zeit selbst bestimmen. Ich
dachte tatsächlich darüber nach, aber eigentlich nur aus dem
Grund, weil ich die ständigen Streitereien deswegen satthatte
und nicht mehr mit einem flauen Bauchgefühl von der Arbeit
nach Hause komme wollte. Ich wollte einfach meine Ruhe
haben. Nach einigem Überlegen stimmte ich zu. Frank hatte
eh schon alles vorbereitet. Ich kündigte meinen Job in der
Boutique, was ein Wahnsinnsfehler war, und begab mich in
seine Hände. Drei Monate später saß ich in seiner Firma und
er hatte mich jetzt da, wo er wollte. Ich wohnte mit ihm in
einem Haus, arbeitete in seiner Firma und war komplett abhängig von ihm.*

*Nun wusste er immer, wo ich war, ich war ihm ausgeliefert.
Und er konnte sich gönnerhaft geben, weil er mir ja ein voll-
ständiges Leben bot.*

*Wie blöd kann man sein. Meine beste Freundin warnte
mich auch diesmal. Wie viele Gespräche hatten wir beide
schon geführt. Sie machte sich große Sorgen um mich und
hatte mir geraten, Entscheidungen nicht zu schnell zu treffen.
Er solle doch erst einmal alles regeln, und dann könnte ich
mich auf ihn und das Drumherum einlassen. Genau genommen hatte sie ja recht, aber für eine Außenstehende sagt sich
vieles leicht. Sie wusste ja nicht wirklich, wie es in mir aussah,
ich konnte ihr das nicht sagen. Da war wieder das Gefühl der
Scham, einen Fehler einzugestehen.*

Scham

Die Scham hält Sonja zurück, sich die Wahrheit über die miss-
lungene Beziehung einzugestehen. Es handelt sich um ein völlig normales menschliches Gefühl, das immer dann auftritt,

wenn wir unseren eigenen oder sozialen Erwartungen und Normen nicht entsprechen. Da wir Schamgefühle aber als extrem unangenehm empfinden, weil wir uns bloßgestellt und entwertet sehen, versuchen wir, sie zu vermeiden und zu verbergen. Scham entsteht aus der Furcht vor dem Urteil anderer und aus der Angst, nicht zu genügen. Wie stehen wir da, was denken die anderen über uns? Ein Misserfolg färbt auf die Bewertung unserer gesamten Person ab und lässt uns in schlechtem Licht erscheinen. Je instabiler das Selbstwertgefühl ist, umso stärker sind wir auf die Anerkennung von außen angewiesen. Also bemühen wir uns, den Erwartungen zu entsprechen und schämen uns, wenn es uns nicht gelingt.

Wir befürchten, nicht nur abgelehnt, sondern verachtet und ausgestoßen zu werden und verstecken uns lieber hinter unserem Perfektionismus und den unglücklichen Beziehungen. Nur, um nach außen ein positives Bild von uns aufrechtzuerhalten.

Im Zusammenhang mit Narzissmus spielt daher die Scham eine zentrale Rolle. Das Eingeständnis von Fehlern wird als Versagen erlebt und ist mit einem starken Selbstwerteinbruch verbunden. Narzisstische Menschen müssen die Besten und Erfolgreichsten sein, um sich wertvoll zu fühlen. In dieses Bild passt für viele Frauen weder eine gescheiterte Beziehung noch ein Leben ohne Mann. Beides entwertet sie als Person und als Frau.

Sonja verschließt lieber die Augen vor den Problemen mit Frank, als sich der Schmach des Versagens auszuliefern. Doch sie nimmt durch das Bleiben noch mehr Schaden, weil ihr Selbstwertgefühl täglich von Frank mit Füßen getreten wird. Das aber sieht keiner und deshalb muss sie sich nicht schämen.

Wie oft muss man auf die Nase fallen, bis man endlich aufwacht? Aber irgendwie schaffte ich es nicht mehr, mich gegen ihn aufzulehnen, ihm etwas entgegenzusetzen. Ich fing an, mich zu fügen. Dabei gab es immer wieder Situationen, die wehtaten. Er stellte mich den anderen in der Firma nicht als seine Lebensgefährtin, sondern als Mitarbeiterin vor. Das passte mir überhaupt nicht, wir stritten uns, und ich verlangte von ihm, endlich auch seinen Kollegen die Wahrheit zu sagen. Es fiel ihm schwer, er wusste aber, dass er reagieren musste. Dass er das nur auf Verlangen tat, empfand ich als respektlos mir gegenüber. Die Enttäuschung saß tief.

Ich war nur sein Anhängsel, genügte seinen Bedürfnissen, ich war ihm »zu Diensten«. Er zeigte mir offen, welche Rolle ich in seinem Leben spielte, und ich ließ es zu. Auch wenn ich mit ihm deswegen stritt, auch wenn ich versuchte, mich zu wehren, die Oberhand behielt immer er. Irgendwann hatte ich die Kraft nicht mehr, ich wollte einfach meine Ruhe haben und gab schließlich nach. Vielleicht auch wieder mit einem Funken Hoffnung, dass nun, nachdem er alles bekommen hatte, alles gut werden würde.

Was war ich mir eigentlich selbst wert?

Die Attraktion des Traums

Eine eigenständige Arbeit und eine eigene Wohnung wären die beiden entscheidenden Säulen, um sich von Frank lösen zu können. Doch das eine hat sie aufgegeben, im zweiten Fall die Suche eingestellt für die Hoffnung auf eine rosige Zukunft mit ihm. Und das, obwohl er wieder nicht bei ihr einzieht und alles so weitergeht wie bisher. Nichts hat sich ins Positive gewandelt, im Gegenteil. Durch die gemeinsame Arbeit hat er sie noch mehr an sich gebunden und von sich abhängig gemacht. Aus seiner Sicht ein kluger Schachzug, um sie unter Kontrolle zu halten und dafür zu sorgen, dass sie nicht von ihm loskommt. Die französische Liebesbekundung »Mon trésor, mein Schatz«, bekommt eine neue Bedeutung, wird zum deutschen »Tresor«, der sich hinter Sonja schließt.

Sie lässt es geschehen aufgrund seiner Versprechungen und ihrer Hoffnung. Die erträumte Zukunft ist attraktiver als das Eingeständnis, dass sie mit Frank nie glücklich werden wird. Lieber es erneut versuchen, es könnte ja noch was werden, als alles hinzuschmeißen und gar nichts mehr zu haben.

Um mich bei Laune zu halten, fuhren wir öfter ans Meer als früher, aber auch diese Tage verloren ihren Reiz. Ich genoss zwar die Luft und den Strand, fühlte mich aber nicht mehr so wohl mit ihm allein. Immer wieder hatte er Zornausbrüche wegen Kleinigkeiten, beschimpfte mich, machte mich runter und schrie mich an. Besonders schlimm war es, als wir seinen Geburtstag dort verbrachten. Am Morgen seines Festtags beobachtete er vom Fenster aus, wie ich mich mit einem Nachbarn unterhielt. Wir lachten über einen Touristen, der sich verfahren hatte, im Sand stecken blieb und freigeschaufelt werden musste. Also alles ganz harmlos. Als ich ins Haus zurückkam, hatte er einen Blick drauf, als ob er mich am liebsten erwürgen würde. Die Muskeln in seinem Gesicht waren angespannt, und schon brüllte er los. Ich sei ja das Allerletzte, vor seinen Augen würde ich mich an einen anderen Mann ranschmeißen. Wahrscheinlich würde ich für den gern die Beine breit machen. Pfui Teufel. Wie könne ich nur, noch dazu an seinem Geburtstag, abscheulich. Ich sei so eine … Ich ahnte, was er sagen wollte und brüllte meinerseits los. Ob er noch ganz richtig ticke, das sei ja so was von krank und ich würde mir das nicht gefallen lassen. Er solle sich einen Psychologen suchen. Oh, wie war ich wütend und verletzt. Ich packte meine Sachen und wollte sofort zurückfahren. Ich zitterte vor Wut und Aufregung. Plötzlich baute er sich wie ein Kleiderschrank vor der Tür auf und verweigerte mir, das Zimmer zu verlassen. Du bleibst, schrie er mich an. Er machte mir richtig Angst. Ich blickte in abgründig böse Augen. Ab da war mir vollkommen klar, mit Frank stimmte etwas grundlegend nicht. Dieser Mann war krank, schwer krank und nicht ungefährlich. In diesem Moment traute ich mich nicht, ihn weiter zu provozieren. Wir standen einige Zeit einfach nur da, es kam mir vor wie eine Ewigkeit. Dann lenkte ich ein, zog meinen Koffer von der Tür weg und setzte mich aufs Bett. Da fiel er vor mir auf die Knie, legte seinen Kopf in meinen Schoß und umklammerte meine Beine. Er jammerte und stammelte immer nur: Entschuldigung, Entschuldigung, Entschuldigung. Aber ich habe ihn provoziert und verletzt, wie könne ich mich nur mit einem anderen Mann an seinem Geburtstag amüsieren. Mir sei gar nicht klar, wie sehr er mich liebe, und er könne es nicht ertragen, einen anderen Mann in meiner Nähe zu wissen: «Bitte bleib, ich mach alles wieder gut!» Es war dasselbe Spiel wie immer. Ich hätte nur noch heulen können, ich war so hilflos und wollte einfach nur weg. Aber ich blieb, streichelte seinen Kopf und tat so, als ob alles wieder gut wäre. Aber von da ab war nichts mehr gut.

Am Tag darauf schlief ich mit ihm, aber ich ließ es einfach nur über mich ergehen, und er bemerkte es nicht einmal. Ich überspielte meine Gefühle, nun fing ich an, über so viele Vorkommnisse und Verhaltensweisen von ihm nachzudenken, die ich einfach verdrängt hatte. Jetzt aber ließen sie mich nicht mehr los. Es gab so viele Beispiele. Sein ständiges Vordrängeln, es war so peinlich. Er musste immer der Erste sein, er wollte stets den besten Tisch, ständig stellte er sein klasse Haus in den Vordergrund, prahlte, was er schon alles erreicht hatte, und, und, und. Es ging nur um ihn. Wie toll ER war. Und dann die elenden Streite, bei denen er sich am Ende immer selber herabsetzte, sein Schreien, seine Wutausbrüche, seine bösen Blicke. Oh, ich konnte das nicht mehr ertragen. Jetzt war er zu weit gegangen, und ich nahm dieses unbeherrschte Böse an ihm wahr. Wenn ich mich nicht lösen

*könnte, würde ich selbst irgendwann zur Furie werden, denn
er veränderte mich, und das nicht zum Positiven.*

*Ich bekam immer öfter Wutausbrüche, gebrauchte Worte,
die ich früher nie gesagt hätte. Und ich wurde eifersüchtig auf
sein Leben, auf seine Familie, vor allem auf seine Frau, aber
auch auf andere Frauen. Er hatte mich in seinen negativen
Sog mitgerissen und mein stetes Nachgeben störte mich. Ich
hatte meinen Kampfwillen verloren, ich war wieder an einem
Punkt, an dem ich mir selbst nicht mehr in die Augen schauen
konnte. Der letzte Rest an Rebellengeist in mir schrie auf, du
darfst dich nicht fertigmachen lassen.*

Die Provokationen der Frauen

Die Gegenseite zur Gewalttätigkeit des Mannes sind Provokationen der Frau bzw. ein Verhalten, das auf den Mann wie
eine Provokation wirkt. Das Gespräch mit dem Nachbarn ist
völlig harmlos, doch Frank empfindet es als Provokation.
Jedes Verhalten von Sonja, das von seinen Erwartungen ab-
weicht, brüskiert ihn. In diesem Fall hat Sonja gar nichts getan, um ihn zu reizen.

Anders ist es bei ihren Wutausbrüchen, die durch Franks
Lügen, Drohungen und Entwertungen ausgelöst werden. Sonja
macht ihm Vorwürfe, wehrt sich gegen seine Anschuldigungen,
schreit ihn an und kanzelt ihn ab. Das provoziert Frank, noch
mehr Drohungen auszustoßen. Auf diese Weise schaukelt sich
die Aggression zwischen den Partnern immer höher.

Wenngleich Frauen, die mit narzisstischen oder psycho-
pathischen Männern zusammen sind, sich meist angepasst und
auf den Mann bezogen verhalten, sind sie doch nicht frei von
Aggressionen. Diese zeigen sich beispielsweise in hohen Ansprüchen an den Partner, wie er zu sein hat. Kann er sie nicht
erfüllen, sieht er sich konfrontiert mit offenen Vorwürfen:

»Warum hast du nicht …, warum bist du nicht…?« Statt ihn um etwas zu bitten, werfen sie ihm vor, etwas noch nicht gemacht zu haben. Statt zu sagen, was sie brauchen, erwarten sie, dass er ihre Wünsche von den Augen abliest. Das wäre für sie ein Liebesbeweis. Bleibt das aus, sind sie gekränkt, fühlen sich zurückgewiesen und werden wütend. Das erlebt der Partner als Druck, dem er sich durch Aggression und Vorwürfe entzieht.

Es gibt eine Reihe von Taktiken, den Partner zu provozieren und gegen sich aufzubringen, auch wenn die Frauen es nicht als solche wahrnehmen.

– In Auseinandersetzungen neigen Frauen häufig zu hysterischen Ausbrüchen mit Schreien, Weinen, Zetern und Sich-die-Haare-Raufen oder zu einer passiv-aggressiven Wut, die sich in Verweigerung und »Dichtmachen« äußert. Die Frauen reagieren nicht mehr auf Fragen, sagen nicht, was sie denken und fühlen, erledigen Dinge nicht, die sie vorher versprochen haben. Sie lassen den Partner auflaufen und sind nicht mehr mit ihm in Kontakt. Das bringt den Mann auf die Palme, weil er keine klare Information bekommt, was los ist. Fragt er seine Partnerin, dann sagt sie entweder, er müsse es doch selbst wissen, oder sie leugnet, dass Spannungen im Raum sind.

– Eine weitere Taktik ist, sich nicht an Absprachen zu halten. Vereinbarungen werden eigenmächtig verändert oder verzögert, was mit Katastrophen, Krankheit oder glatten Lügen gerechtfertigt wird. Der Partner kann sich also nicht wirklich auf sie verlassen. Hier sind sich Mann und Frau sehr ähnlich, denn er hat dieselben Strategien drauf.

– Oft werden Probleme einfach weggeredet und mit dem Satz »Das schaffen wir schon« überspielt. Aggressiv machen in diesem Fall das übergriffige »Wir« und das Negieren einer Schwierigkeit.

– Umgekehrt kann auch hilfloses Verhalten aggressiv machen,

wenn die Frauen Fragen stellen, die sie selbst beantworten könnten oder keine Eigenverantwortung übernehmen. Dann bieten sie sich quasi dem Partner als jemand an, den man gängeln kann.

– Auch blindes Bewundern führt nicht selten zu Aggressionen und Vorwürfen des Mannes. Nach dem Motto: Don't be like a Christmas tree. Don't just stand there and burn for me. Do something![11]

Alles das schürt im Gegenüber Wut und Hilflosigkeit und schraubt die Spirale der Gewalt immer höher. Sonja leuchtet selber ein, dass es besser wäre, wenn sie aufhörte, »ihn zu provozieren«. Ihr ist also bewusst, was sie tut, auch wenn sie es deshalb nicht lässt und den Streit weiter anheizt.

Inszenierung alter Beziehungsmuster

Viele Partnerinnen von narzisstischen Männern haben in ihrem Leben Gewalt, Ablehnung, Zurückweisung, Demütigung und Kränkungen erlebt, sei es in ihrer Herkunftsfamilie, in Schule, Heim, Vereinen oder bei ehemaligen Partnern. Das prägt ihr Menschenbild und hat Einfluss auf die Gestaltung ihrer Beziehungen. Unbewusst gehen sie davon aus, dass auch der jetzige Partner nicht »besser« ist als das bisher Erlebte. Im Grunde erwarten sie, wieder ausgenutzt, verlassen, gekränkt und abgelehnt zu werden. Dieses negative Bild beeinflusst ihre innere Einstellung und ihr Verhalten dem Partner gegenüber. Ist eine Frau misstrauisch, weil sie oft betrogen wurde, wird sie versuchen, ihn zu kontrollieren; ist sie ängstlich, weil sie Bestrafung erwartet, wird sie sich unterwerfen und alles richtig machen wollen; hat sie gelernt, dass nur der Kampf sie überleben lässt, wird sie dem Mann aggressiv gegenübertreten, da ihr das Vertrauen fehlt, dass es auch friedlich geht; ist sie emotional bedürftig, wird sie anklammernd am Partner festhalten und ihn »ersticken«.

Die alte Erfahrung wird im Hier und Jetzt wiederbelebt. Und am Ende ernten so agierende Frauen dieselbe Reaktion wie früher. Wer seinem Partner beispielsweise permanent misstrauisch unterstellt, zu betrügen, wird am Ende wirklich betrogen oder erntet Aggressivität gegen die Anschuldigung. Wer mit Unterwerfung und ängstlicher Anpassung versucht, es dem Partner recht zu machen, wird oft noch mehr unterdrückt. Wer im Kampfmodus den Partner in Schach halten will, wird viel Gegenwehr auslösen. Und wer den anderen anklammernd festhält, wird ihn verlieren. Man löst im anderen unbewusst das Verhalten aus, das man eigentlich unbedingt vermeiden will.

Sonjas und Franks Beziehungsmatrix

Sonjas Beziehungserfahrungen sind geprägt von Versagung und Entbehrung, von einem frühen Mutterverlust und einer Parentifizierung, da sie sich in jungen Jahren wie eine Mutter um Vater und Schwester kümmern musste. Jetzt will sie endlich geliebt und versorgt werden und ist bereit, alles dafür zu tun.

Hinzu kommen traumatische Erfahrungen aufgrund sexueller Übergriffe durch den Großvater. Erlebte sexuelle Gewalt führt zu tiefen seelischen Wunden und zu sexuellen Problemen im Erwachsenenleben wie beispielsweise Promiskuität (Geschlechtsverkehr ohne dauerhafte Bindung), Sexsucht, Lust- und Orgasmusstörungen bis hin zur Prostitution. Wir sehen bei Sonja eine starke Fixierung auf Sexualität, die süchtigen Charakter annimmt und zum Vehikel der Liebe zu Frank wird. Sie verwechselt Sex mit Liebe, so wie es auch Frank zu tun scheint. Ihr Selbstwertgefühl und ihre Würde sind tief verletzt, was zu negativen Selbstüberzeugungen führt, nicht gut genug, liebenswert und wichtig zu sein.

Ihre negativen Bindungserfahrungen mit ihrem Vater und dem Großvater überträgt sie auf die Partner und erntet wieder Unverständnis, Lieblosigkeit, Ausbeutung und Missbrauch. Ihre Wut auf Frank speist sich aus diesen Verletzungen und vielen Enttäuschungen und Entbehrungen der letzten Jahrzehnte. Die Beziehung zu Frank passt in Sonjas Muster, sich einen Mann zu suchen, von dem sie nichts bekommt. Damit bestätigt sie ihre Grundeinstellung, es nicht zu verdienen, geliebt zu werden. Die aktuelle Beziehung wird damit zum äußeren Abbild der inneren psychischen Wirklichkeit.

Wie in einem Gespräch mit Frank deutlich wurde, hat auch er viele Selbstwertverletzungen erlebt. Er ist ein uneheliches Kind und weiß bis heute nichts über seinen Vater. Die Mutter log ihn an, er sei gestorben, von einer Tante aber erfuhr er, dass dieser seine Mutter in der Schwangerschaft verlassen hatte. Seinen Namen hat sie nicht verraten, weshalb Frank nie eine Chance bekam, seinen Vater kennenzulernen. Die Wut auf diesen Mann übertrug Franks Mutter zum Teil auf ihn, auch weil Frank seinem Vater sehr ähnlich sieht, wie sie ihm mehrfach zu verstehen gab. Er hat sehr früh erfahren, nicht gewollt zu sein, und Lügen wurden zu seinem Schutz vor Schlägen, die er immer häufiger bekam. Was er tat, war nie richtig. Um sich gegen ungerechtfertigte Vorwürfe zu wehren, erfand er die tollsten Geschichten, die er bald selbst glaubte. Den Hass seiner Mutter auf ihr verpfuschtes Leben bekam er ab. Mit diesem Hass begegnet Frank den Frauen: Er übt Gewalt gegen sie aus und misstraut ihnen zutiefst. Auch bekämpft er seine gewalttätige Mutter in den Frauen, indem er sie kontrolliert und unterwirft. Er muss die anderen beherrschen, um nie mehr beherrscht zu werden. Daraus entwickelt sich eine grundlegende Ablehnung der Frau und ein Verhaltensgebilde aus Lügen, Gewalt und Zerstörung.

Er kennt keine liebevolle Zuneigung in gegenseitiger Sorge und mit Verständnis füreinander. Das hat er nie erlebt und wünscht es sich doch sehnlich. Stattdessen entwickelte er als Kind eine perfekte Verführungstechnik, mit der er seine Mutter immer wieder zum Lachen bringen konnte. Wenn er spitzbübisch lächelte und sie mit seinen großen Augen anhimmelte, dann scherzte sie mit ihm, nahm ihn in den Arm und küsste ihn. In diesen Momenten war er der kleine Mann, der die Mutter glücklich machte. Und er war selig, ihre Zuneigung zu spüren. Doch diese Momente hielten nie lange an, der nächste Streit, die nächsten Schläge ließen nicht lange auf sich warten.

Mit seinen Verführungskünsten und seiner Entscheidung, sich nie mehr unterdrücken zu lassen, stärkte er sein Selbstbild. Sie wurden zu seiner Überlebensstrategie. Später kam seine Fixierung auf die Sexualität dazu. Sie entspringt seinem narzisstischen Bedürfnis, der beste Liebhaber aller Zeiten zu sein und dafür geliebt zu werden. Ohne diese Bestätigung ist er nach seinem Empfinden kein vollwertiger Mann und Mensch. Deshalb hält er seine sexuellen Qualitäten auch für den Hauptgrund, weshalb Frauen sich nicht von ihm trennen können.

Treffen zwei Menschen mit tiefen seelischen Verletzungen und negativen Beziehungserfahrungen aufeinander, werden sie sich mit großer Wahrscheinlichkeit gegenseitig das Leben zur Hölle machen. Eine gute Beziehung wird daraus nicht, wie wir bei Sonja und Frank sehen.

Unklare Kommunikation

Zur Gewaltdynamik in Beziehungen gehört auch eine mehrdeutige und gestörte Kommunikation zwischen den Partnern. Sie reden nicht offen miteinander, sondern feinden sich an, wenn sie Konflikte haben. Und sie besprechen ihre gegenseitigen Erwartungen und Wünsche nicht.

Die unklare Kommunikation wird beispielsweise daran deutlich, dass sie offensichtlich nicht abgesprochen haben, wie das Zusammenleben aussehen soll, ob es für beide dasselbe bedeutet bzw. ob es unter den herrschenden Bedingungen überhaupt in der Form möglich ist, wie sie es sich jeweils vorstellen. Wird das nicht geklärt, entstehen Erwartungen, von denen der andere nichts weiß, die er aber erfüllen soll.

Wer unausgesprochene Erwartungen einfordert, erzeugt Druck und Aggression. Wie soll der Partner wissen, was die Frau will, wenn sie es ihm nicht mitgeteilt hat? Und umgekehrt. Wie soll der Frau klar sein, was der Mann von ihr erwartet, wenn er es nicht artikuliert? Als hätten beide Seiten Angst, die Wahrheit offenzulegen, weil der andere sie nicht ertragen und weggehen könnte. So lebt jeder in seiner Realität und lässt den anderen nicht daran teilhaben.

Über diesen Vorfall am Meer redeten wir nicht mehr. Der Alltag lief wieder einigermaßen in seinen Bahnen, aber ich kam nicht mehr zur Ruhe. In Franks Nähe verspürte ich nun großes Unbehagen. Wenn ich nachts neben ihm im Bett lag, bekam ich Schweißausbrüche und litt unter Schlafstörungen. Wir hatten Sex, und ich konnte seine Nähe nicht mehr ertragen. Das ging schon seit einiger Zeit so, wie mir irgendwann auffiel. Mein Körper zeigte eindeutige Signale der Ablehnung, mein Körper wehrte sich. Es fiel mir wie Schuppen von den Augen: Diese Beziehung machte mich krank.

Krank machten mich auch die Sorgen, die ich hatte, ich brauchte einen Job, eine Wohnung, wie sollte ich das alles meistern? Dazu kam Angst, Angst vor seinem Verhalten. Angst, er würde mich nicht gehen lassen, sondern mich wieder bedrängen, mir drohen. Ich spürte ja, dass er mich nicht loslassen wollte. Aber da war auch die Unsicherheit, in mei-

nem Alter noch einmal von vorne zu beginnen. Wie viel Schuld lag bei mir? War ich überhaupt fähig zu einer Beziehung auf Augenhöhe? Würde es beim nächsten Mal wieder so sein? Extreme Selbstzweifel waren mein Begleiter.

In der Spirale der narzisstischen Gewalt

Sonja spürt nun auch körperlich ihre Aversion gegen Frank, reagiert aber nicht darauf, auch nicht auf ihre Krankheitssymptome. Sie registriert sie nur als Alarmzeichen, die jedoch noch tolerierbar sind, und so bleibt sie bei Frank.

Seit Jahren ist Sonja gefangen in einer destruktiven Beziehung voll von Entwertungen, Schuldvorwürfen, seelischer Gewalt, Eifersuchtsattacken bis hin zu körperlicher Bedrohung. Eine solche Behandlung hat Spuren in ihr hinterlassen. Sie fühlt sich immer schwächer, minderwertiger und verliert zusehends die Achtung vor sich selbst. Ihre vermehrten Selbstzweifel rauben ihr die Kraft, sich zu lösen. Im Laufe der Jahre hat sie die von Frank artikulierten Entwertungen übernommen und findet sich selbst unfähig und inkompetent. Sie fühlt sich wie ein seelisches Wrack, traut sich nichts mehr zu.

Sonja leidet mehr, als man ihr anmerkt, aber sie verliert nicht gänzlich den Bezug zur Rebellin in sich. Die meldet sich immer wieder zu Wort, meist zwar nicht konstruktiv, sondern in Aggressionen gegen Frank. Dennoch ist da eine Kraft, die sie nicht aufgeben lässt und verhindert, dass sie völlig resigniert und sich in ihr Schicksal ergibt.

Sonja und Frank leben eine destruktive Beziehungsdynamik, wie wir sie aus Bindungen mit körperlicher Gewalt kennen: Der Mann schwankt zwischen Hasstiraden und Gewalt sowie Flehen um Verzeihung und dem Versprechen, sich zu ändern. Sie ist unterwürfig und verzeiht, sie glaubt ihm. Noch so viele Enttäuschungen und erneute Gewaltattacken bringen die Frau nicht von dem Mann weg, immer wieder entschuldigt sie ihn und bleibt oder kehrt zu ihm zurück. Sie setzt keine Grenzen, und wenn sie es einmal versucht, dann ist die Reaktion des Mannes so massiv, dass sie sofort einen Rückzieher macht. Dann bleibt es bei einem Versuch oder wie im Fall von Sonja bei Drohungen, die nicht wahrgemacht werden.

Die Frauen können sich nicht effektiv vor Angriffen schützen und haben zu wenig Selbstwertgefühl, um ein angemessenes Verhalten ihnen gegenüber zu verlangen. Als wären sie es nicht wert, als müssten sie dankbar sein für das bisschen Zuwendung, das sie bekommen. Sie bezahlen die Liebe mit Leid und eine Trennung würde ihnen auch noch dieses Bisschen wegnehmen.

Eines Abends schlug ich ihm vor, zu einer Paarberatung zu gehen. Ich wollte eine andere Meinung hören, ich wollte, dass er erkennt, nicht ganz normal, ja, krank zu sein und Hilfe zu brauchen. Oh Gott, was für ein Vorschlag. Er brauche doch keine Paarberatung! Wenn, dann bräuchte ja wohl ich Hilfe, alles würde ich in einem falschen Licht sehen. Ja, es mag sein, dass auch ich Probleme hatte. Aber die waren nichts im Vergleich zu seinen. Frank lehnte den Vorschlag rundweg ab. Also entschied ich mich, alleine Kontakt zu einem Therapeuten aufzunehmen. Ich wollte wissen, was jemand anderer dazu sagt. Bei einer Paarberaterin in der Nähe bekam ich rasch einen Termin. Darauf fieberte ich richtig hin. Natürlich wusste Frank davon nichts, er wäre ausgeflippt.

Therapieversuch

Die Antwort auf den Vorschlag für eine gemeinsame Therapie ist typisch, aber auch Sonjas Reaktion darauf ist es. Jeder ist der Überzeugung, der andere sei kränker und brauche mehr Hilfe. Dabei haben sie beide Probleme, doch sie sehen sie nur beim anderen.

Franks Schwierigkeiten sind auffälliger, da er Gewalt ausübt und offensichtlich Menschen manipuliert und belügt. Im allgemeinen Verständnis sind solche Menschen verachtenswert und unmoralisch. Und die Frauen, die unter ihnen leiden, sind die armen Opfer, denen Schlimmes angetan wird. Sie selbst gelten nicht als böswillig oder gestört. Diese Schwarz-Weiß-Malerei entspricht jedoch nicht der Realität, denn beide tragen ihren Teil zu einer zerstörerischen Beziehung bei, und wenn es nichts anderes ist, als dass die Frau bei dem Mann bleibt, statt sich zu schützen und Grenzen zu ziehen.

Selten kommt eine Paartherapie zustande, weil sich meist der grandios-narzisstische Partner, in unserem Fall Frank, mit der Begründung weigert, er brauche »so was« nicht. In der Regel leiden die Frauen auch mehr bzw. nehmen das Leid stärker wahr. Und so finden sie den Weg zum Therapeuten. Oft allerdings mit der Motivation, sich ändern zu wollen, um die Beziehung zu retten. Oder wie bei Sonja mit dem Wunsch, dass jemand ihre Sicht auf Frank bestätigt und bei ihm eine Krankheit diagnostiziert.

Die Atmosphäre in der Praxis war entspannt, ein schönes Ambiente, weiches Licht, angenehme Farben. Ich fühlte mich gut. Die Therapeutin fragte, was mich hergeführt habe, und ich erzählte ein bisschen aus meiner Beziehung. An dem Nachmittag hörte ich zum ersten Mal den Begriff Narzissmus. Meine Schilderungen deuteten sehr stark darauf hin, sagte sie und wollte wissen, warum ich diesen Mann nicht schon längst verlassen hatte. Ja, warum. Dieser Mann werde mich kaputt machen. Dieses Gespräch war sehr aufschlussreich für mich und letztlich ein weiterer Schritt hin zum Ausbruch aus dieser Beziehung. Sie hat mich bestärkt, nach einer Lösung für mich zu suchen, und ich wusste jetzt, dass ich mich lösen muss, um nicht unterzugehen.

Zu Hause habe ich sofort zu diesem Thema recherchiert. Frank war noch nicht da. Ich saß vor dem Computer und las und las und las. Und ich erschrak fürchterlich, denn ich erkannte alles eins zu eins wieder, ich bekam Gänsehaut. Dann entdeckte ich ein Forum, in dem sich in erster Linie betroffene Frauen austauschten. Wie sich diese Muster doch glichen und wie hilflos diese Frauen waren. Und alle schrieben, bitte helft mir, diesen Mann zu verlassen. Das erschreckte mich noch mehr. In diesem Forum fand man Sätze wie:

Habe eine schlimme Beziehung mit einem narzisstisch/psychopathisch geprägten Menschen hinter mir, es war die Hölle, man muss erst tief fallen, um zu verstehen, es ist ein langer Weg, man will es nicht wahrhaben. Wann entstand aus meiner Liebe Abhängigkeit? Er spielte ein Spiel, durch seine Bösartigkeit zerstörte er meine Seele, er hat unverfroren gelogen, ständig Tatsachen verdreht, manipuliert, zu echter Liebe war er nicht fähig. Nie mehr will ich eine Beziehung mit einem Narzissten ...[12]

Dieses Thema fesselte mich und mir wurde immer mehr bewusst, dass ich wissen musste, wie Frank tickt, warum er so handelte, wie er es tat, und warum ich das zuließ. Das war meine einzige Chance, mich zu befreien. Erkenne deinen Feind und bekämpfe ihn mit seinen eigenen Mitteln. Aber erkenne dich auch selbst. Nur dann konnte ich mich ihm entgegenstellen. Würde das aber auch funktionieren?

Ich wollte so viel wie möglich über Narzissmus erfahren.

Es betraf ja auch mich selbst, nur auf eine andere Weise als bei Frank. Ich hatte jetzt wieder eine Hoffnung, ich hatte ein Ziel. Das Ziel, ihn zu verlassen und mich zu befreien. Deshalb fing ich an, ihn zu beobachten, ich wollte nicht länger einfach nur reagieren, sondern sein Verhalten analysieren. Ich versuchte, seine Denkweise und sein Handeln zu entschlüsseln und wollte den Spieß umdrehen. Jetzt wollte ich ihn beeinflussen, ich wollte genau das mit ihm tun, was er die ganze Zeit mit mir machte. Tatsächlich lernte ich ihn so anders kennen. Stück für Stück entdeckte ich, wie er tickte und wo seine Schwachstelle war. Im Grunde war es dieselbe wie bei mir – er suchte und wollte Liebe. Also war das meine Waffe, ihm zu geben, was er suchte. Ich nahm mir vor, nicht mehr mit ihm zu streiten, nicht mehr alles infrage zu stellen, sondern lieb zu ihm zu sein, ihm recht zu geben, mehr auf die leichte Schulter zu nehmen. Ihm zu zeigen, was für ein toller Mensch er war und wie viel er mir bedeutete. So viel, dass ich ohne ihn nicht leben konnte. Ihm das alles vorzugaukeln, würde mich viel Kraft kosten, das war mir bewusst. Aber ich tat es. Und er sog meine Worte, meine Liebkosungen begierig auf, endlich, so glaubte er, hätte ich ihn verstanden. Als ich merkte, dass ich ihn täuschen konnte, wuchs ich. Mein Selbstbewusstsein stärkte sich. Meine Kraft kam zurück. Wenn ich dieses elende Theater nicht gespielt hätte, wäre ich wahrscheinlich nie von ihm weggekommen. Denn jetzt war alles ruhig und angenehm, er fühlte sich am Ziel und ich konnte entspannt im Hintergrund alles zum Laufen bringen. Ich stand plötzlich über ihm!

Mit seinen eigenen Waffen

Durch die Beschäftigung mit dem Thema Narzissmus hat Sonja für sich einen Weg gefunden, sich aus der Beziehung zu befreien. Sie versteht nun besser, dass Frank heftig reagiert, sobald sie sich von ihm abzugrenzen versucht. Also entscheidet sie sich, Frank mit seinen eigenen Waffen zu schlagen. Sie wiegt ihn in dem Glauben, sich voll auf ihn einzulassen und ihm das zu geben, was er sucht, nämlich bedingungslose Liebe. Indem sie ihm die nötige Zuwendung schenkt, stärkt sie sein Selbstwertgefühl und kann ohne massive Auseinandersetzungen ihre Trennung vorbereiten. Eine raffinierte Methode, den anderen unter Kontrolle zu halten, die sie aber auch viel Kraft kostet.

Der Weg aus der Beziehung

Der Wandel in ihrem Kopf

Frank gegenüber versuchte ich mich möglichst normal zu ver-
halten, also mich ihm anzupassen, zu funktionieren. Ich ließ
sogar den Sex mit ihm wieder zu und machte ihm auch da
etwas vor. Es gab mir nämlich kaum mehr was, die große Be-
gierde war weg. Komischerweise sagte er nichts, bemerkte er
es wirklich nicht? Oder wollte er es nicht wahrhaben? Mit
meinen Gedanken war ich nur noch bei der Trennung von
ihm. Dann kam wieder einmal eine Situation, die mich in
meinem Beschluss bestärkte, genau genommen bekräftigte
alles, was von nun an passierte, die Entscheidung für meine
Freiheit.

Wie geht es Ihnen?

… liebe Leserinnen und Leser? Sie wissen bestimmt, was jetzt
kommt: Wieder ein Streit, wieder eine Szene, er schreit sie an,
sie schreit ihn an, er entschuldigt sich und sie willigt ein.

Der Ablauf ist vorhersehbar. Was macht das beim Lesen
mit Ihnen? Langweilt es Sie allmählich, macht es Sie aggressiv, wütend, apathisch, ängstlich, traurig? Denken Sie: Was
soll das, warum verlässt sie ihn nicht endlich? So denkt auch
Sonja, doch es reicht noch nicht, um sich zu lösen, sie muss
noch länger leiden, um den Absprung zu schaffen.

Vielleicht erkennen Sie sich auch in Sonja selber wieder

und erschrecken. Ein solcher Schreck kann heilsam sein. Denn das Eigene aus einer gewissen Distanz zu betrachten, ist anders, als selbst drinzustecken. Man sieht Dinge deutlicher und kann weniger verleugnen. Auch wenn es wehtut, es kann Positives bewirken. Denn beim Ausstieg aus einer narzisstischen Beziehung kommt man nicht daran vorbei, sich seinen Gefühlen offen zu stellen.

Der nächste große Streit entbrannte, als sein bester Freund Tom, den ich bislang nur aus Erzählungen kannte, zu Besuch kam. Die beiden hatten früher viel zusammen unternommen, dazu gehörte es wohl auch, Frauen aufzureißen. Tom machte einen ganz sympathischen Eindruck auf mich. Er war offen und lachte gerne. Er hatte sich gewünscht, später noch in ein Tanzlokal zu gehen, in dem sie früher oft gewesen waren. Doch der Abend endete in einem Desaster, weil Frank plötzlich vollkommen ausrastete. Schon als wir das Lokal betraten, verhielt Frank sich seltsam. Er drängte Tom und mich, gleich vorne an der Bar auf ihn zu warten, er wolle einen Platz für uns suchen. Er wollte partout nicht, dass wir mitkamen, und wurde richtig nervös. Das fand ich komisch, und ich fragte ihn ganz provozierend, ob er denn erst schauen müsse, ob die Luft rein sei? Kaum hatte ich das gesagt, explodierte der Vulkan, Frank bekam wieder seinen bösen Blick, schrie mich an, ich solle meinen frechen Mund halten, das sei eine Unterstellung. Dann zog er ab und ließ uns kopfschüttelnd zurück. So kenne er ihn gar nicht, sagte Tom, und ich erwiderte nur, dass er sich öfters so benehme. Nach einigen Minuten kehrte Frank zurück, nach wie vor geladen. Es sei zu voll, wir sollten lieber woanders hingehen. Na klar, dachte ich mir, jetzt bleiben wir erst recht. Gesagt, getan, doch die Stimmung war weg. Von Frank ging eine eisige Kälte aus, was auch Tom auffiel. Um die Atmosphäre etwas aufzulockern, schlug er Frank vor, mit mir zu tanzen. Tatsächlich

stand Frank auf und ich folgte ihm. Doch sein Gesichtsaus-
druck und seine Haltung sagten alles. Dieser böse, zugleich
extrem überhebliche Blick. In dem Moment erkannte ich
sein wahres Ich. Es schauderte mich, mir war das alles nur
noch unangenehm, und deshalb ließ ich ihn einfach auf der
Tanzfläche stehen. Oh weh, das ging nun gar nicht. Wütend
lief er mir hinterher, brüllte mich an. Nun war ich wieder
schuld. Doch diesmal war Tom dabei, und so sagte ich, dass
ich dieses affenartige Verhalten satthabe und jetzt gehen
würde. Frank lachte so was von fies, wie wollte ich denn
überhaupt heimkommen? Zur Not mit dem Taxi, egal was es
kostet, sagte ich. Tom versuchte mich zu beruhigen, ich solle
erst mal was trinken, die Lage würde sich schon wieder ent-
spannen. Nein, nichts entspannte sich, zumal Frank sich spä-
ter unter dem Vorwand, es für Tom zu tun, die Handynum-
mer einer attraktiven Blondine besorgte. Ich fühlte jetzt Hass
und Verachtung für Frank. Was war er nur für ein Idiot. Ich
wollte nur noch von ihm weg, aber diesmal mit Bedacht und
ohne Zurück.

Stabil-instabile Beziehungen

Diese Szene im Lokal ist symptomatisch für Sonja und Frank.
Es soll ein schöner Abend werden, doch er endet in der Kata-
strophe. Und wie so häufig geht es um Eifersucht, die Sonja
zu Provokationen veranlasst. Er schlägt vor, in ein anderes
Lokal zu gehen, aber Sonja will nun erst recht bleiben und damit bahnt sich natürlich ein Konflikt an, der für alle Beteiligten peinlich ist. Warum tat sie es, wissend, dass Streit dann
unvermeidlich ist? Vielleicht wollte sie ihn vor seinem Freund
bloßstellen und ihn mit seinen Wutausbrüchen auffliegen lassen? Sonja ist ihr Anteil nicht bewusst, denn sie sagt: ».. der
Abend endete in einem Desaster, weil Frank plötzlich voll-

kommen ausrastete.« Ja, sein Verhalten ist völlig unangemessen, kindisch und inakzeptabel. Doch es hätte andere Lösungen für Sonja gegeben ohne Eskalation und Gewalt.

Trotz Sonjas Beschäftigung mit dem Thema Narzissmus und ihren Vorsätzen, sich ganz auf Frank einzustellen, um Konflikte zu vermeiden, hat es nicht lange gedauert, bis es erneut kracht. Ein solches Verhaltensmuster erinnert an sogenannte stabil-instabile Beziehungen, die permanent zwischen überstarker Nähe, Trennung und Wiederannäherung hin- und herpendeln. Diese Menschen können nicht wirklich miteinander, aber auch nicht ohne einander. Keinem von beiden ist eine Ablösung aus der negativen Spirale möglich. Frank und Sonja haben einen anklammernden Bindungsstil, der geprägt ist von einer tiefen Trennungsangst und dem Verlust von Vertrauen in die andere Person.

Diese Menschen »erleben Trennung als sehr belastend. Wenn sie in innerer Not sind, suchen sie Nähe und Trost, sind aber nicht tröstbar. Sie verhalten sich widersprüchlich: Einerseits suchen sie Nähe und fordern diese vorwurfsvoll-ansprüchlich ein, andererseits sind die Nähe und der Trost nie genug.« [13]

Seine unsichere Bindung ist auch die Quelle, aus der Franks Eifersucht resultiert, die im Grunde nichts anderes bedeutet als: »Bleib bei mir, sonst stürze ich ab.« Fehlt die Partnerin, die ihm Zuwendung gibt und ihn als einen liebenswerten Mann spiegelt, dann folgt der Absturz ins Nichts, in die innere Leere. Das ist so bedrohlich, dass er alles tun muss, um das zu vermeiden.

Die Sucht nach negativen Gefühlen

Viele Frauen, die mit einem narzisstischen Mann zusammen sind, zeichnet die Sucht nach negativen Gefühlen aus. Wer früh gelernt hat, dass Beziehungen und Liebe mit Leid verbunden sind, also mit seelischer Verletzung, Zurückweisung, Missachtung, Trennung, emotionalem oder sexuellem Missbrauch, kurz: mit Stress, der wird auch als Erwachsener dieses Muster seinen Beziehungen zugrunde legen. Die so entstandene Beziehungsmatrix bestimmt die Wahrnehmung und das Erleben. Das Perfide daran ist, dass Liebe immer mit unerfüllter Sehnsucht und der Unerreichbarkeit des Partners verbunden ist. Das verursacht viel Leid, macht intime Beziehungen aber auch in gewisser Weise ungefährlich, weil sich die Partner nie wirklich nahekommen. Eine verlässliche und konstante Zuwendung kann mit ihrer großen Nähe und Bindung nämlich sogar Angst machen. Eine unerfüllte Liebe durch emotionale Unerreichbarkeit oder symbiotisches Verschmelzen schafft eine Sicherheitsdistanz, die für einen bindungsunfähigen Partner notwendig ist.

In der Psychologie wird die These diskutiert, dass Dauerstress zu körperlicher Abhängigkeit von Adrenalin und Cortisol, den Stresshormonen, führt. Lebt ein Mensch im Dauerstress, ist nicht nur sein Geist, sondern auch sein Körper in einer permanenten Alarmbereitschaft, um auf Gefahren von außen reagieren zu können. In narzisstischen Beziehungen geht die Bedrohung vom Partner aus, von seiner Unberechenbarkeit, seinen Wutausbrüchen, Schuldvorwürfen und Drohungen. Die Frau muss immer auf der Hut sein und sich wappnen, was im nächsten Moment passieren wird. Das hat einen sehr hohen negativen Stress zur Folge. Folgt man der Suchtthese, so würde das bedeuten, dass sie einen solchen Stress unbewusst aufsucht, um ihren Cortisol- und Adrenalinlevel aufrechtzuerhalten. Ohne diese Spannung werden das

Leben und die Beziehung langweilig. Um das zu vermeiden, brauchen diese Menschen den permanenten Kick, das High-Gefühl im Rausch der Stress- oder Sexualhormone. Das erleben Sonja und Frank immer wieder in ihren sexuellen Höhenflügen und in den vielen Auseinandersetzungen. Durch Sexualität und Streite definiert sich ihre Beziehung, nicht durch ein stetes Aufeinander-bezogen-Sein.

In dieser Nacht verweigerte ich mich im Bett das erste Mal. Ich spürte nur noch Abneigung, fühlte mich wie einem Korsett, bekam kaum Luft. Ich war so froh, als die Nacht vorbei war. Da Tom im Gästezimmer schlief, konnte ich nicht ausweichen, wie ich es schon öfter getan hatte, wenn ich es neben Frank nicht mehr aushielt. Mein Körper wehrte sich mit Herzrasen und mit Schweißausbrüchen. Ich konnte seine Nähe nicht ertragen, eigentlich Wahnsinn, was man sich selbst antut. Das alles schlug mir extrem aufs Herz. Ich wollte das nicht mehr, ich musste weg von diesem Mann, der mich systematisch aussaugte und kaputt machte.

Stressbedingte Krankheiten

Dauerstress kann süchtig machen, aber auch körperlich krank. Bei Sonja ist es besonders das Herz, das Schaden nimmt. Psychologisch gesehen ist das nicht verwunderlich, da das Herz mit Gefühlen und Liebe assoziiert ist, und die empfand sie lange Zeit für Frank. Jetzt ist es verletzt, ein gebrochenes Herz. Sonja hat Herzrasen und Schweißausbrüche, die auch Stresssymptome sind. Damit es ihr besser geht, verweigert sie sich ihm sexuell und fasst den Entschluss, ihn zu verlassen. Allerdings hält die Beruhigung nicht lange an, denn sie ist immer noch in intensivem Kontakt mit Frank und auch der Trennungsgedanke ist nicht neu. Die Gefahr besteht, dass der

Körper immer stärker mit psychosomatischen Beschwerden reagiert, wenn sie sich nicht aus der Beziehung löst und die Belastungen nicht beendet.

Die Nacht war schlecht und der nächste Tag fing auch nicht besser an. Denn beim Frühstück – Frank war schon in der Firma – erzählte mir Tom, dass Frank meine Vorgängerin auch nicht besser behandelt hatte. Das saß. Hatte er dieses Spiel schon einmal getrieben? Aber ich war doch angeblich seine große Liebe! Und nun erfuhr ich, dass diese Art von Doppelleben nichts Neues für ihn war. Welche Demütigung. Damit konfrontiert, leugnete Frank natürlich wieder und behauptete, Tom sei einfach nur eifersüchtig. Ich ließ es so stehen, ich wollte keinen Streit mit ihm, ich wollte nur noch meine Ruhe. Meine Gedanken waren auch bei seiner Frau. Welche Rolle spielte sie eigentlich in diesem ganzen Theater, was hatte sie die ganzen Jahre ertragen müssen? Ich fasste einen Entschluss und schrieb ihr einen Brief. Ich wollte mich mit ihr treffen, wollte ihre Sicht der Dinge hören und ihr auch mein Leben mit IHM schildern. Saßen wir nicht im selben Boot? War es nicht fair, sie einzubinden? Dieser Brief kam allerdings nie bei ihr an, denn Frank öffnete die Post seiner Frau. Und daran entzündete sich ein Streit, der sich gewaschen hatte. Was mir einfiele, ich hätte doch überhaupt keine Ahnung, und er könne ja meinen Kindern auch mal einen Brief schreiben und schildern, wie ich so drauf sei. Er drehte den Spieß schon wieder um. Ich knickte ein, denn ich hatte keine Kraft mehr für diese Streite, bei denen es keinen Sieger gab. Und dann besann ich mich wieder auf mein Spiel, das auch seines war: Ich entschuldigte mich und bat ihn um Verzeihung. Ich würde ihn doch so sehr lieben.

Das Ziel vor Augen

Endlich verspürte ich den Willen, mir meine Lebensrichtung neu vorzugeben. Seine Fassade bröckelte, und das war gut so. Das Beste daran war, er merkte es nicht, und genau das war meine Chance.

Die Zeit hier in der »Versenkung« dauerte ohnehin schon viel zu lange. Johannes, der Frank schlicht nicht mehr ertragen konnte, war längst ausgezogen, und auch meine Tochter Julia hatte sich rar gemacht. Sie wollte mit Frank nichts zu tun haben, denn jedes Mal gab es Streit und schlechte Laune. Ich musste also nur für mich alleine nach einer neuen Bleibe suchen. Dieses Gefühl beflügelte mich und gab mir Kraft für die Spielchen der nächsten zwei Jahre, denn so lange dauerte dieser Lösungsprozess. Um meinen Plan nicht zu gefährden, sagte ich nicht einmal meinen Kindern etwas von meinem Vorhaben, ihn mit seinen eigenen Waffen zu schlagen. Manchmal konnte ich gar nicht glauben, was in mir steckte, wie ich es schaffte, ihn auch im Bett bei Laune zu halten, ohne groß Gefühle zu investieren. Er war so von sich überzeugt, dass er gar nicht auf die Idee kam, getäuscht zu werden. Wir lebten weiter wie bisher, ich versuchte es ihm, so gut es ging, recht zu machen. Dann allerdings passierte wieder etwas, das meinen Plan fast zunichtemachte. Frank kündigte mir wegen zu geringer Auslastung und ich stand wieder ohne Einkünfte da. Hatte er doch etwas bemerkt? Wollte er mir den Boden unter den Füßen wegziehen? Na gut, ich hatte noch Reserven, aber die hielten nicht lange. Im Grunde genommen wollte er, dass ich nur für ihn da war, aufs Neue auf ihn wartete und ihn bediente.

Verachtung

Zwei Jahre, bevor Sonja sich endgültig trennt, hat sie die Entscheidung getroffen, ihr Leben selbst zu gestalten. Ausschlaggebend war dabei, dass Franks Fassade bröckelte. Was bedeutet das? Er verlor den Nimbus des Helden und idealisierten Mannes. Nach fünf Jahren der Demütigungen, Entwertungen und Lügen begreift Sonja, dass dieser Mann nicht der ist, den sie sich in ihren Träumen vorgestellt hat. Auch wenn es viele wunderbare Erinnerungen an gefühlvolle Erlebnisse und überschwängliche Zuwendung gibt, scheint der jetzige Zustand nicht mehr zu ertragen. Kein Versprechen hat er gehalten, er hat sich nicht scheiden lassen, sie haben keine Patchworkfamilie gegründet, sie haben nie ein echtes Wir gelebt und an einem Strang gezogen. Die ständigen Streite und Eifersuchtsszenen, die verbale Gewalt haben ihre Spuren hinterlassen. Sonja fühlt sich ausgenutzt und ungeliebt, trotz aller Beteuerungen von Frank. Auf den Sockel wird sie nur vor Dritten gehoben oder wenn er sie zurückgewinnen will. Ansonsten erntet sie schlechte Laune, Vorwürfe, Kritik und das Gefühl, nie gut genug und richtig zu sein. Das demoralisiert mit der Zeit.

Allmählich kann sie Frank nicht mehr ernst nehmen und ihre Idealisierung schlägt in Verachtung um. Wenn es erst einmal so weit ist, dann ist die Beziehung nicht mehr zu retten. Die Verachtung ist eine direkte Folge der Idealisierung.

Wieder einmal gab es riesigen Streit wegen seiner Eifersucht. Nur weil mir im Restaurant ein anderer Mann höflich die Türe aufgehalten hatte. Wie war das peinlich. Dabei: Was machte er? Flirtete den ganzen Abend mit einer anderen Frau. Das stimmte mich wütend, er warf mir Dinge vor, die er die ganze Zeit selbst machte. Wobei sich die Frage stellte, was er erst tat, wenn ich nicht dabei war? Inzwischen war ich so misstrauisch geworden und sogar selber sehr eifersüchtig. In letzter Zeit hatte ich ihm etliche Szenen gemacht. Vor allem bei der Geschichte mit seinem zerrissenen Hemd. Da ich seine Kleidung wusch, entdeckte ich eines Tages, dass an seinem Hemd Knöpfe fehlten und der Stoff eingerissen war, so als hätte ihm jemand eilig das Hemd vom Körper gezogen. Auch hatte er in letzter Zeit öfter Kratzer am Rücken. Was er mit Heckenschneiden begründete. Wut kochte hoch. »Dieses Schwe…«, dachte ich. Mir fiel eine Zeitung in der Küche wieder ein, aufgeschlagen war die Seite mit den Bekanntschaftsanzeigen: Heiße Frau sucht heißen Ihn für eine leidenschaftliche Affäre. Ich stellte sofort eine Verbindung her. Hatte er auf diese Anzeige geantwortet? Es würde zu ihm passen und sextechnisch lief es bei uns ja nicht mehr so wie früher. Gerade drei Tage hielt ich durch, bis ich ihn damit konfrontierte. Er bekam wieder diesen kalten Blick, schrie mich an, dass ich spinne und versuchte mir mit irgendwelchen blödsinnigen Erklärungen meine Vermutungen auszureden.

Der Streit wurde so heftig, dass er mich in der Küche an die Wand drückte. Ich hatte Angst vor diesen Wutausbrüchen und vor allem vor seinen Augen, die sich wie scharfe Messerspitzen in meine Seele bohrten. Er konnte so böse schauen. Ab jetzt wusch er seine Wäsche selbst, ich durfte das nicht mehr. Sobald ich ihn mit etwas Unangenehmem konfrontierte, rastete er aus. Ein vernünftiges Gespräch mit ihm war nicht möglich und nach jedem Wutausbruch kam dann wieder die Heul- und Entschuldigungsnummer.

Inzwischen ging es mir gesundheitlich immer schlechter, ich hatte Migräne, Magenprobleme und konnte keine Nacht durchschlafen. Mein Kreislauf machte oft schlapp. Diese körperlichen Beschwerden waren ein deutliches Warnsignal.

Destruktivität

Trotz aller körperlichen Leiden ist Sonja immer noch tief verstrickt in die Beziehung zu Frank und in die destruktive Beziehungsdynamik. Das merkt man an ihrer Eifersucht, als sie den Verdacht hegt, er würde heiße Nächte mit anderen Frauen verbringen. Wäre sie innerlich von ihm abgelöst, könnte sie eine mögliche Affäre mit größerer Distanz wahrnehmen und müsste nicht auf diesen Zug aufspringen! Aber nein, sie regt sich auf, malt sich in ihrer Phantasie alles Mögliche aus, fühlt sich betrogen und konfrontiert ihn, obwohl sie wissen müsste, dass ein heftiger Streit dann unvermeidlich ist. Das alles bindet sie wieder und hält sie in der Beziehung. Ein Weg raus würde bedeuten, ihn loszulassen, sich keine Gedanken zu machen über sein Verhalten, sondern sich auf sich selbst zu besinnen. So aber tut sie dasselbe wie bisher. Sie geht auf Provokationen ein, ist in ihrer Eifersucht und ihrer Wut gefangen und kann nicht cool bleiben. Frank scheint immer noch einen großen Stellenwert für sie zu besitzen.

Leider war mein Plan, mich möglichst ruhig zu verhalten und ihm keine Angriffsfläche zu bieten, sehr schwer umsetzbar. Einmal verließ ich sogar aus Wut und Angst das Haus, bevor er heimkam, und übernachtete in einem Hotel. Ich wollte diese Konfrontationen nicht mehr und hatte ihm einen Brief auf den Tisch gelegt, dass ich es mit ihm nicht länger aushalten würde.

Allerdings hatte ich nun noch mehr Angst, denn ich musste am nächsten Morgen wieder zurück. Zumindest hatte ich in dieser Nacht schlafen können, ohne ihn und diese schlechten Gefühle. Mit rasendem Herzklopfen schloss ich die Haustür auf und wusste nicht, was mich erwarten würde. Zu meinem Erstaunen stand ein Blumenstrauß auf dem Küchentisch und eine Karte mit Herz daneben: «Sorry, ich habe mich wieder einmal wie ein Idiot benommen, bitte verzeihe mir. Ich liebe dich doch und bitte lieb mich einfach zurück. Ich brauche dich – so sehr.«

Die Zeiten, in denen mir bei solchen Worten die Tränen gekommen waren, waren zum Glück vorbei. Mir ging es nur noch um Schadenbegrenzung und wie ich wegkam von diesem Mann, der mich das Fürchten gelehrt hatte. Ein paar Stunden später erhielt ich eine SMS von ihm, dass er vom Griechen etwas mitbringen würde. »Oh wie aufmerksam« – sein Theaterprogramm lief wieder. Es war mir nur recht, denn so musste ich mich nicht auf einen Streit mit ihm einstellen.

Frank kam am frühen Abend, wir aßen und danach wollte er mit mir reden. Wollte wissen, ob ich das ernst gemeint hätte. Ich gab ihm eine ehrliche Antwort: »Du weißt doch selbst, dass das mit uns schon lange nicht mehr funktioniert und es vielleicht das Beste wäre, wenn wir uns trennen.«

Oh, dieses Gesicht, die arbeitenden Backenknochen, die lieblosen Augen. Wieder beteuerte er mir seine Liebe, es gäbe keine andere Frau, und ja, er würde sich öfter wie ein Trottel verhalten. Aber allein der Gedanke, dass ein anderer Mann mich berühren würde, mache ihn wahnsinnig. Dann weinte er wieder wie ein kleines Kind. Ich überwand meine Ablehnung und tröstete ihn, bettete seinen Kopf auf meiner Brust und tat so, als ob ich ihm verzieh. Innerlich sperrte sich alles, aber ich wollte die Situation nicht eskalieren lassen. Also hielt ich meinen Mund.

Distanzierung

Dieses Mal fällt Sonja weder auf seine Verführung durch Liebesschwüre noch auf seine Jammertour herein. Sie spielt ihm vor, ihn trösten zu wollen, so wie sie es immer tat, aber es berührt sie innerlich nicht mehr so wie früher. Das ist ein wichtiger Schritt in Richtung Ablösung. Wenn sie etwas spürt, dann überwiegend Wut.

Das Gespräch über eine Trennung endet wie vorhersagbar ohne Ergebnis. Meine Erfahrung ist, dass narzisstische Partner noch weniger in der Lage sind, sich ohne hochschießende Emotionen über ein Ende der Beziehung zu verständigen als andere Paare. Das liegt auch daran, weil sie viel zu lange aneinander festhalten, sodass ihre Auseinandersetzungen leicht in Wut, Hass und Gewalt eskalieren. Dadurch wird der Ablösungsprozess sehr destruktiv und lässt keinen Raum für Würde.

Der eine rastet tobsüchtig aus, ein anderer versinkt in Tränen und Geschrei und ein Dritter verspricht, alles zu tun, damit es wieder gut wird. Einen Mix aus allem hat Frank hervorragend drauf. Er zieht alle Register, in der Hoffnung, dass eines schon wirken wird.

Nach dieser Geschichte mit dem Hemd bohrte endloses Misstrauen in mir. Der Wunsch, endlich von ihm wegzukommen, wurde drängender, ich musste rascher handeln. Aber um meinen Plan umzusetzen, musste ich ihn ruhigstellen, ihn im Glauben lassen, dass ich weiter funktionierte. Ich versuchte also, Verständnis für ihn aufzubringen, zeigte Anteilnahme an seinen Problemen mit der Firma. Die Tage vergingen einigermaßen ruhig, aber eben nur, weil ich mich zurücknahm.

Taktieren

Es ist interessant, dass Sonja Verständnis und Anteilnahme als etwas Besonderes an sich erlebt. Beides sollte doch »eigentlich« selbstverständlich sein in einer Partnerschaft. Ist es aber bei ihr keineswegs. Sonja reagiert auf Frank nach der emotionalen und sexuellen Hochphase des Anfangs fast nur noch mit negativen Gefühlen: Sie verachtet ihn, ist eifersüchtig, voller Racheimpulse und wütend. Ihre Sehnsüchte nach Franks Nähe und seiner Zuwendung haben sich fast vollständig erschöpft. Da sie zum jetzigen Zeitpunkt Auseinandersetzungen vermeiden will, ändert Sonja ihre Taktik und wird zugewandter. Nicht mit dem Herzen, sondern aus reiner Berechnung. Wo sie sich bisher von ihm provozieren ließ und mit Empörung, Geschrei und massiver Aggression gegen ihn vorging, spielt sie ihm nun Verständnis vor und lenkt ein. Sicher eine kluge Strategie, um bei dem narzisstischen Partner etwas zu erreichen. Anteilnahme und Empathie sind selbstverständlicher Bestandteil gesunder Begegnungen, pervertieren aber in narzisstischen Beziehungen zur Taktik.

Ich schlug ihm sogar vor, uns Hilfe zu holen und vielleicht doch noch mal zu einer Paarberatung zu gehen. Obwohl der erste Versuch gescheitert war, stimmte er zu meinem Erstaunen zu. Er wolle alles tun, um mich nicht zu verlieren. War das jetzt seine neue Masche? Einsicht zu zeigen, um mich ruhigzustellen? Ich traute ihm keinen Meter weit. Nein, alles, was er sagte, hörte sich hohl an. Aber ich ging trotzdem darauf ein, vielleicht konnte ihm ein Außenstehender vermitteln, wie er tickte. Wir beschlossen, unabhängig voneinander im Internet zu recherchieren. Am Tag darauf schlug er mir eine Paarberaterin vor, die erstaunlicherweise auch ich ausgesucht hatte. Das war gut, wir hatten uns für dieselbe Person entschieden. Wir hatten Glück und bekamen kurzfristig einen Termin. Frank beflügelte der Gedanke, denn er war sich sicher, dass unsere Schwierigkeiten nicht an ihm lagen, sondern daher rührten, dass ich alles verkehrt sah.

Beim ersten Termin erklärte uns die Paarberaterin, jeder habe 45 Minuten Redezeit. In dieser Dreiviertelstunde dürfe der andere nur zuhören und sich nicht einmischen. Ich solle beginnen, da ich ja wohl die meisten Probleme mit der Situation hätte. Sie bat uns, ehrlich zu sein, alles andere würde nichts bringen. In Franks Augen sah ich Skepsis. Vielleicht war auch ein bisschen Angst dabei – Angst, es könnte hier etwas passieren, worauf er keinen Einfluss hatte.

Ich fing an zu erzählen, wie alles begann und mit welchen Versprechungen er mich geködert hatte, die bis heute nicht eingelöst wurden. Dass mir gewisse Verhaltensweisen Angst machten, ich mich ausgenutzt und benutzt fühlte und keine Kraft mehr hatte. Aber ich spielte ihm auch vor, dass ich ihm noch eine Chance geben würde, wenn er endlich einsähe, was verkehrt läuft und sich ändert. Denn ich wollte einen Neuanfang, aber nur für mich, und mein Wunsch war, diesen mit so wenig Stress und Streitereien wie möglich zu schaffen. Frank tat sich sehr schwer, ruhig zu bleiben, immer wieder wollte er dazwischenreden, aber sie verbot es ihm strikt. Das fand ich gut. Allerdings arbeiteten seine Backenknochen wie verrückt. Er rutschte unruhig auf seinem Stuhl herum. Die Situation passte ihm überhaupt nicht. Und sie beobachtete ihn ganz genau.

Paartherapie: der zweite Versuch

Für einen narzisstischen Mann ist es eine Folter, sich nicht unmittelbar zu den Aussagen der Partnerin äußern zu dürfen. Denn vieles von dem, was Sonja sagt, erlebt er als Unterstellung, als Angriff und Unwahrheit. Dagegen nicht protestieren zu dürfen, ist für Frank unvorstellbar und letztendlich eine Frechheit! Die Therapeutin hat ihn dadurch sicher nicht auf ihrer Seite, noch dazu, weil Sonja zuerst sprechen darf. Und dann beginnt sie auch gleich mit Vorwürfen, sie sei mit falschen Versprechungen in die Beziehung gelockt worden. Sie tut so, als sei sie nur das Opfer und hätte die Beziehung nicht

auch selbst gewünscht und gewählt. Das aber hat sie mit gro-
ßem Eroberungswillen und Lust getan.

Sie erzählt von ihrer Angst vor den Auseinandersetzungen
und davon, es nicht mehr auszuhalten. Das sind massive Vorwürfe, die Frank nicht an sich ranlassen kann, was – wie wir
gleich sehen werden – man daran merkt, dass er das Thema
wechselt, als er dran ist.

Allerdings ist auch Sonja nicht fähig, sich wirklich ausei-
nanderzusetzen. Da sie nicht mit offenen Karten spielt, indem
sie vorspiegelt, Frank noch eine Chance zu geben, innerlich
aber schon auf dem Absprung ist, wird die Therapie zur
Farce. Ihr Ziel ist lediglich, dass die Therapeutin Frank sagt,
wie gestört er ist.

Hier zeigt sich wieder einmal, dass Frank und Sonja sich
nie die Wahrheit sagen, sondern sich gegenseitig immer etwas
vorspielen. Da kann auch keine Therapie helfen, denn die er-
fordert Ehrlichkeit.

*Nachdem meine 45 Minuten um waren, durfte Frank die Zeit
nutzen. Und das wurde für uns beide, mich und die Psychologin, interessant, und mir wurde einmal mehr bewusst, an
welchen Idioten ich geraten war. Schon der Anfang von
Franks »Vortrag« sprach Bände. Anstatt auf unser Thema
einzugehen, erzählte er nur, was er alles erreicht hatte, sein
super Haus, seine Firma, seine Erfolge. Im Grunde ging es
nur darum, wie »toll« er war und dass ich doch glücklich sein
könne, so jemanden wie ihn gefunden zu haben. Die Psychologin ließ ihn einige Zeit reden, zog mehrmals die Augen-
brauen hoch, und dann stoppte sie ihn. Sie fragte ihn recht
deutlich, ob er mir überhaupt zugehört habe. Ob ihm klar sei,
wie ich mich fühlte und warum wir bei ihr seien? Dass es
nicht darum ging, was er hatte und wie er lebte, sondern um
Empfindungen und die Möglichkeit, Lösungen zu finden.
Dann bat sie ihn, ehrlich seine Ansicht zu äußern. Was er tat,*

und ich fiel fast vom Stuhl und musste mich zusammenreißen. Er zog über meine Kinder her, schimpfte, nannte sie verwöhnt, er komme mit ihnen nicht zurecht. Außerdem beanstandete er, dass ich so oft mit meiner Tochter telefonierte, dann fühle er sich außen vor. Einmal habe meine Tochter sogar bei mir im Bett geschlafen, als er nicht da war. Das gehe ja gar nicht, Mutter und Tochter in einem Bett, und außerdem sei es sein Bett. Ich wollte schon dazwischenrufen, dein Bett? Soviel ich weiß, habe ich das Schlafzimmer gekauft, aber die Psychologin machte eine Handbewegung, ich solle ruhig bleiben. Das, worum es hier wirklich ging, spielte für ihn keine Rolle. Er hatte sich voll auf meine Kinder eingeschossen, und ich dachte in diesem Moment nur noch: du Arschloch. Wut stieg in mir hoch, auch, weil er überhaupt nicht an einer Lösung der eigentlichen Probleme interessiert war. Wobei er am Ende lobend hervorhob, was für eine tolle Frau ich sei, ich könne so gut kochen. Und überhaupt sei ich sein bestes Schmuckstück und er wolle mich auf keinen Fall verlieren. Die Psychologin schaute mich an, ihr Blick verriet einiges. Und dann fing sie an zu analysieren. Zu Frank sagte sie klar und deutlich, dass hier etwas ganz gewaltig schieflaufen würde und er darüber nachdenken solle, ob sein Verhalten mir gegenüber korrekt sei. Ob er nicht ansatzweise verstehen könne, welche Rolle mir hier zugedacht sei und wie ich unter alldem leiden würde. Ob seine Liebe ernst gemeint sei. Er bekam es ganz dicke ab. Zu mir sagte sie, dass ich wohl generell ein Problem mit »Männern« hätte. Und wir im Grunde beide Hilfe bräuchten. Auch ich hätte mich manchmal nicht richtig verhalten, hätte ihn auflaufen lassen, ihn einfach »im Regen« stehen lassen, wie man so schön sagt. Ja, das stimmte. Ich konnte ziemlich hart sein, wenn ich mauerte und ihm zeigen wollte, dass ich die Stärkere war. Anfangs verschaffte es mir sogar eine gewisse Befriedigung, wenn er wieder angekrochen kam. So nach dem Motto: Du kannst ja auch nicht ohne mich. Sie sprach meine Inkonsequenz an: nicht bei meiner Meinung zu bleiben, immer wieder nachzugeben. Den bequemsten Weg zu gehen. Ja, auch das stimmte. Auch ich musste an mir arbeiten, ich wollte das. Aber eben nicht mehr mit ihm. Sondern für mich, das war mir wichtig. Ich wollte nicht länger ein Zeichen auf der Stirn für solche Männer haben. Das musste weg.

Abschließend meinte sie, wenn unsere Beziehung eine Chance haben sollte, müsse sich vieles grundlegend ändern, und wir müssten das gemeinsam angehen. Sie bot uns einen weiteren Termin an. Ich stimmte zu, um meine Bereitschaft zu signalisieren und Frank zu beruhigen. Allerdings kam dieser Termin nie zustande, Frank fand Ausreden!

Auf dem Nachhauseweg kam es gleich wieder zum Streit, denn das mit meinen Kindern konnte ich so nicht stehen lassen.

Ziele einer Paarberatung

Es ist ungewöhnlich, dass Frank überhaupt mit zu einer Paarberatung gekommen ist. Meist schicken die Männer ihre Frauen, halten sich aber selber raus, so wie es beim ersten Mal war. Auch diesmal läuft es ähnlich, er geht zwar mit, ist aber nicht wirklich dabei, denn er reagiert gar nicht auf das, was Sonja sagt und zeigt auch keine Motivation, Probleme zwischen ihnen lösen zu wollen. Sieht und spürt er sie überhaupt? Eher nein, denn er zeigt keine Einsicht in ihre Lage, geschweige denn Einfühlung in ihr Leid. Es scheint, als müsse er sich mit aller Kraft verteidigen, um die Situation irgendwie zu überleben. Er ist daher nur mit sich selbst beschäftigt und damit, ein gutes Bild abzugeben, indem er mit seinen Erfolgen prahlt.

Das ist für ihn der beste Schutz vor Sonjas Vorwürfen und

ihrer Kritik. Und dann rächt er sich für ihre Vorwürfe und greift ihre Kinder an. Frank weiß natürlich, dass er sie damit tief treffen kann.

Sonja und Frank haben unterschiedliche Zielsetzungen für die Paarberatung. Sonja will, dass eine unbeteiligte Person Frank die Meinung sagt und sie unterstützt. Und Frank will sich reinwaschen und Sonja als die Schuldige dastehen lassen.

Das kann allerdings nicht das Ziel einer Paartherapie oder -beratung sein. Das würde nämlich bedeuten, dass die Therapeutin/der Therapeut sich auf eine Seite schlägt und mit einem von beiden paktiert. Das darf nicht geschehen und steht dem Ziel der Arbeit im Wege. Es geht vielmehr darum, dass die Partner lernen, einen Weg zu finden, wieder miteinander in Kontakt zu kommen und eine neue Form der Kommunikation einzuüben. Sie lernen, gut miteinander umzugehen, indem sie ihre destruktiven Muster überwinden und sich auf eine neue Art aufeinander beziehen.

Es ist also nicht relevant zu beweisen, wer recht hat, wer der Gute und wer der Böse ist oder wem die Gunst der Therapeutin gilt. Man erhält bei Sonjas Beschreibung das Gefühl, dass sie die Therapeutin zu ihrer Komplizin machen möchte, die ihr hilft, sich gegen Frank durchzusetzen. Das deutet auf ein großes Bedürfnis nach weiblicher Solidarität hin, die sie aber auf diesem Wege nicht bekommt. Dazu müsste Sonja sich eine eigene Begleiterin suchen, die ihr in Einzelstunden die Stärkung gibt, die sie braucht. In der Paartherapie geht es um das Paar, das aber bei Frank und Sonja schon nicht mehr besteht. In so einem Fall ist die Paartherapie weniger eine Unterstützung, um die Beziehung neu zu gestalten, als vielmehr eine Hilfe für eine gute Trennung. Im Grunde geht es Sonja genau darum, doch sie sagt es nicht ehrlich, denn sie befürchtet Franks Zorn.

Nach der Sitzung passiert dann das, was oft bei Paar- oder Familiensitzungen geschieht: Es gibt Zoff und Vorwürfe über das, was der andere in der Stunde gesagt hat. Das ist wenig sinnvoll bzw. es zerstört die gemeinsame Arbeit. Auch wenn einer von beiden wütend ist über das, was gesagt wurde, hat keiner das Recht, den anderen deshalb zu beschimpfen. Der Ärger muss in der Sitzung angesprochen werden, um die Unterstützung durch die Therapeutin für beide zu gewährleisten. Hinterher ist es ein Angriff, der dazu führt, dass entweder keiner mehr die Wahrheit sagt oder nicht mehr hingeht, wie es Frank tut.

Alles, was in der Therapiestunde gesprochen wird, sollte auch in der Stunde bleiben. Gut, wenn das gleich zu Beginn der ersten Sitzung besprochen wird. Nur dann kann sich jeder öffnen. Wenn man aber immer befürchten muss, dass der Partner/die Partnerin hinterher alles seziert, was man gesagt hat, kann man kein Vertrauen aufbauen und wird lügen, schweigen oder sich verweigern.

Zu Hause führten wir unsere Auseinandersetzung nicht weiter. Dabei hätte ich noch viele Anmerkungen gehabt, aber ich verhielt mich still, doch innerlich kochte ich. Er aber auch. Es herrschte eine angespannte Stimmung. Und dann jammerte er mir wieder was vor, er sei das arme Opfer, ihm gehe es doch so mies, seine schwierige Kindheit und dann auch noch ich, die ihn schlecht mache und oft keine Zeit für ihn habe. Dabei sei er doch so lieb und tue alles für mich. Ich ließ ihn reden. Es berührte mich nicht mehr, ich spürte eine Art Abgestumpftheit in mir. Schließlich ließ ich ihn einfach stehen. Kaum hatte ich das Zimmer verlassen, knallte er ein Glas auf den Boden und rannte mir hinterher. Er packte mich am Arm, hielt mich sehr fest und schaute mich wütend an. Ich sei so kalt zu ihm, doch er werde mich schon wieder erweichen. Er drängte mich ins Wohnzimmer, küsste mich sehr fordernd und drückte mich auf die Couch. Und dann passierte etwas, was ich nicht wollte, aber trotzdem zuließ, er nahm mich einfach. Er re-

agierte sich an mir ab. Danach sagte er doch tatsächlich, dass es schön gewesen sei. Ich habe das doch auch gewollt. In diesem Moment verspürte ich Hass. In dieser Nacht schlief ich wieder einmal im Gästezimmer und grübelte. Seine Nähe konnte ich nicht ertragen, mein Herz raste und hatte ständig Aussetzer.

Körperliche Gewalt

Das, was Sonja beschreibt, ist eine Vergewaltigung, die in einer Beziehung und auch in der Ehe strafbar ist. Sie nimmt es hin, warum tut sie das?

»Weil er es sich so oder so geholt hätte. Er war der Überzeugung, dass mit Sex alles wieder gut wird. Ich wollte ihn nicht weiter provozieren. Und einfach danach meine Ruhe haben.«

Eigentlich erstaunlich, dass sie sich nicht wehrt, wo sie sonst so heftig auf ihn eindrischt, ihn wütend provoziert und ihm Vorwürfe macht. Wo sie sich wirklich mal aggressiv abgrenzen müsste, schweigt sie. Es wird erneut sichtbar, wie wenig Sonja gelernt hat, sich zu schützen und effektiv zu verteidigen. Um sich gegen körperliche Übergriffe zu wappnen, ist es sehr hilfreich, einen Selbstverteidigungskurs wie »Wen do« (Der Weg der Frauen) zu machen, in dem man sowohl Tricks zur Verteidigung kennenlernt als auch die eigene Kraft spürt.

Es gibt keine Entschuldigung für eine Vergewaltigung, sie ist körperlich-seelische Gewalt und mit nichts zu rechtfertigen. Und es gibt keinen Grund, sie als Frau hinzunehmen. Dennoch erlebe ich es immer wieder, wie Frauen erstarren, wenn sie sexuellen Übergriffen ausgeliefert sind. Statt aggressiv zu werden, versteinern sie, bringen kein Wort über die Lippen und lassen es über sich ergehen. Das hat zum einen sicherlich mit der körperlichen Überlegenheit des Mannes zu tun, gegen die eine Frau oft nicht ankommt. Zum anderen befürchten die Frauen, dass ihre Aggression noch mehr Gewalt beim Mann provoziert. Oft ist es aber auch eine Reaktion auf frühere Übergriffe, die sich als Trauma im Organismus festgesetzt haben und einen Totstellreflex auslösen. In der aktuellen Situation wiederholt sich dann das, was sie schon einmal erlebten, und lähmt sie vollständig.

Am Tag darauf nahm ich mir vor, mich nach Wohnungen umzusehen. Über seinen PC wollte ich nicht recherchieren, er sollte mir nicht noch mal nachspionieren können. Bloß kein Risiko eingehen. Ich nutzte den Computer einer Bekannten und vereinbarte drei Besichtigungstermine. Außerdem durchforstete ich die Stellenanzeigen der Tageszeitung nach Arbeitsmöglichkeiten. Frank war nicht da, ich hatte Zeit. Einige Bewerbungen hatte ich schon geschrieben, aber bisher nur Absagen erhalten. Früher wäre mir das nie passiert. Aber je älter man wird, umso schwieriger wird es wohl, einen Job zu finden. Ich war gar nicht mal anspruchsvoll, ich war bereit, vieles zu machen, nur um von ihm wegzukommen. Denn ohne Verdienst keine Wohnung. Nach einiger Zeit stieß ich aber doch auf eine Anzeige, die mir Hoffnung machte. Ein Kosmetikstudio suchte eine Mitarbeiterin.

Ich wurde zum Gespräch eingeladen, dem fieberte ich regelrecht entgegen. Die Chefin war eine sehr gepflegte Frau und etwa in meinem Alter. Ich würde gut ins Team passen, sagte sie, und machte mir den Vorschlag, am Samstag darauf zur Probe zu arbeiten. Natürlich sagte ich zu und war happy über diese Möglichkeit. Nur was sollte ich Frank sagen? Am Wochenende war er daheim, er wollte den Rasen mähen und Gartenarbeiten erledigen. Es war schlimm genug, dass ich mir heimlich eine Arbeit suchen musste, ließ sich aber nicht ändern, denn er würde mir jeden Stein in den Weg legen, den er finden würde. Also erzählte ich Frank, dass ich meine Tochter in Hamburg besuchen wollte. Seinem Gesichtsausdruck nach passte ihm das gar nicht und er beschwerte sich auch gleich. Alles müsse er alleine machen und wann und wo bekomme er etwas zu essen? Er könne auch mitkommen, fuhr er fort. Ja, dass ich irgendetwas alleine machen wollte, ging ihm gegen den Strich. Ich lehnte mit der Begründung ab, ich wolle mit meiner Tochter alleine sein. Frank schluckte es runter, irgendwie. Doch je näher dieser Samstag kam, umso unwilliger wurde er. Aber ich zog das durch und das war auch gut so, denn ich bekam diesen Job. Allerdings gab es ein Problem mit dem Beginn des Arbeitsverhältnisses. Wenn es nach meiner neuen Chefin gegangen wäre, hätte ich bereits drei Monate später anfangen sollen, denn eine Kollegin ging in Mutterschutz. Offen erklärte ich ihr mein privates Dilemma, dass ich mich von meinem Partner lösen und erst heimlich eine Wohnung finden musste. Sie zeigte Verständnis und wir beschlossen, den Termin im Notfall zu verschieben. Sie stand hinter mir, und das tat gut. Und meine Glückssträhne hielt an, die dritte Wohnungsbesichtigung führte zum Erfolg: eine Maisonette-Wohnung, in der mein Sohn auch mal übernachten konnte. Endlich konnte ich mich befreien. Mir fiel ein Stein vom Herzen. Doch wenn ich geahnt hätte, was noch auf mich zukam, wäre ich nicht in dieser Gegend geblieben.

Geheimhaltung

Alles muss geheim geschehen, sonst würde Frank sie wieder an sich binden. Man spürt die Vorsicht, mit der Sonja vorgeht, sie handelt regelrecht strategisch. Das ist klug und wichtig, weil jeder Schritt in die Autonomie von Frank sanktioniert werden würde. Er erträgt es nicht, Sonja selbstbestimmt zu erleben, und würde die Schraube der Abhängigkeit noch enger drehen. Zum Neubeginn sind aber ein Job und eine Wohnung unerlässlich. Da sie schon erlebt hat, mit welchen perfiden Tricks Frank versucht hat, ihr die Anmietung einer Wohnung zu vereiteln, muss sie sehr achtsam vorgehen. Eine Freundin einzuschalten ist hilfreich, es muss aber garantiert sein, dass diese dichthält. Eine andere Möglichkeit bestünde darin, auf ein Internetcafé auszuweichen, um keine Spuren auf dem eigenen PC zu hinterlassen.

Einen Job in der Trennungssituation zu bekommen, ist ein kleines Himmelreich. Noch dazu findet Sonja in der Chefin eine verständnisvolle Person. Wie wichtig dieser Beistand für Sonja ist, spürt man. Darauf sollte jede Frau in Sonjas Situation achten: sich weibliche Unterstützung zu holen!

Der Mietvertrag war unterschrieben, ich hatte eine Wohnung. Ein Lichtblick. Allerdings wurde mir angst und bang bei dem Gedanken, dass ich es Frank irgendwann sagen musste. In der Zwischenzeit ertrug ich das Leben mit Frank so gut es ging. Für ihn passte es, er plante sogar unseren Urlaub. Er wollte mit mir nach Griechenland fahren. Ich ließ ihn machen. Inzwischen hatte ich eine Umzugsfirma organisiert, ich konnte ja schlecht die Möbel alleine zerlegen und transportieren. Es wäre gelogen zu sagen, dass es in dieser Zeit keinen Streit mit Frank gab. Aber ich lenkte immer ein, versuchte ihn gleich wieder zu besänftigen und irgendwie funktionierte es sogar. Ich schlief weiter mit ihm, befriedigte ihn und ließ es über mich ergehen. Gefühle waren keine mehr da, ich machte mich jetzt selbst zum Objekt, weil es die einzige Möglichkeit war, ihn bei Laune zu halten. Ihn in dem Glauben zu lassen, dass es so weitergeht. Mein Körper jedoch wehrte sich sehr. Ständig bekam ich nach dem Sex Schmerzen, musste zum Frauenarzt, aber ich ertrug es. Schlimm war das Gefühl, mich selbst zu verraten.

Schon früher hatte ich Probleme nach dem Sex gehabt, ein-

mal meinte mein Frauenarzt sogar, ob ich allergisch auf meinen Partner sei. Das fand ich damals zum Lachen, doch heute denke ich, dass sich mein Körper auch da schon gewehrt hat. Die Chemie stimmte einfach nicht und trotzdem habe ich es so oft zugelassen, ja auch gewollt. Durch den vielen Sex wollte ich die fehlende Liebe ersetzen. Heute ist mir vieles über mich bewusst, doch schon damals war mir klar, dass es mit diesem Befreiungsschlag allein nicht getan war.

Gute Miene zum bösen Spiel

Sonja macht gute Miene zum bösen Spiel, gaukelt Frank Gefühle vor, die nicht mehr da sind, unterwirft sich ihm, nur um keine neuen Streite zu riskieren und ihn nicht zu provozieren. Das ist eine kluge Taktik, denn die Gewalt wird ja immer größer, je öfter die Auseinandersetzungen aufeinanderfolgen. Und jede Debatte, jeder Versuch, etwas zu klären, endet in Kränkungsgefühlen seinerseits. Er ist nicht mehr aufnahmefähig, sondern nur noch in der Verteidigungshaltung. So jemand ist durch die kleinste Kritik kränkbar und wird möglicherweise gewalttätig. Um sich zu schützen, was in Sonjas Situation unbedingt angeraten ist, ist bewusste, gespielte Anpassung die beste Strategie. Ihre Ablösung muss Sonja im Geheimen mit sich selbst ausmachen. Das ist auf Dauer sehr anstrengend und belastend, aber das Ziel, aus der Beziehung herauszukommen, motiviert und stärkt sie. Der Preis ist hoch, doch er wäre noch höher, bliebe sie in der Beziehung. Allerdings halte ich den Preis, mit ihm weiterhin zu schlafen und ihm auch noch Lust und Leidenschaft vorzuspielen, für extrem hoch. Vielleicht hätte sie an dieser Stelle besser für sich sorgen und strengere Grenzen ziehen sollen, besonders vor dem Hintergrund ihrer körperlichen Probleme. Sonja neigt dazu, Sex zuzulassen, auch wenn sie ihn nicht will, oder sogar

Lust daraus zu ziehen. Das ist selbstverletzend und entwürdigend. Sie benennt es sogar als Verrat an sich selbst. Sex soll Liebe ersetzen, kann es aber nicht. So straft sie sich zweimal: Sie sucht Nahrung, die nicht sättigt, und schädigt sich seelisch und körperlich dabei. Einzig ihr Körper reagiert ehrlich.

Heimlich hatte ich meine Kleider in Kartons gepackt und in den Schränken gestapelt. Ich war mir sicher, dass Frank da nicht ranging. Nun tickte die Uhr, und es kam der Tag, an dem ich Frank mit meinem Auszug konfrontierte. Zunächst erschien ein ungläubiges Grinsen in seinem Gesicht, dann bohrte er nach. Ob das mein Ernst sei, ob ich ihn wirklich verlassen wolle? Oh ja, das wollte ich. Daraufhin flippte er total aus. Aber ich hatte nichts anderes erwartet. Er fegte die Deko vom Tisch, schmiss mit Sachen um sich, schrie mich an und beschimpfte mich. Alles, was er sagte, hatte ich schon x-fach gehört, über unsere Liebe, die tolle Beziehung, den tollen Sex. So einen wie ihn würde ich nie wieder finden und er so eine wie mich auch nicht. Wenn ich das endgültig zerstören wolle, bitte. Er könne jedenfalls nicht länger mit mir unter einem Dach leben und warten, bis ich ausziehe. Das würde ihm das Herz zerreißen. Vielleicht würde ich es mir ja noch einmal anders überlegen, wenn nicht, werde er dafür sorgen, dass ich ihn nie vergesse! Dann knallte er sämtliche Türen hinter sich zu und verschwand. Das war es, dachte ich, und fand es nicht weiter schlimm. Ich hatte mit mehr Kampf gerechnet, er war weg und ich war erleichtert. Für ein paar Wochen alleine in dem Haus zu wohnen, machte mir nichts aus. Im Gegenteil, endlich Ruhe. Allerdings war es die Ruhe vor dem Sturm.

Einige Tage war Funkstille, kein Frank und kein Zeichen von ihm weit und breit. Schon das hätte mich beunruhigen sollen. Allerdings fiel mir auf, dass er ins Haus ging, sobald ich unterwegs war. Das wäre mir egal gewesen, wenn ich nicht entdeckt hätte, dass wichtige Dinge plötzlich fehlten. Das konnte doch nicht sein? Einige Ordner waren verschwunden, Ordner mit sehr persönlichen Unterlagen und Fotoalben, vor allem aus meiner Jugendzeit. Am schlimmsten war die Entdeckung, dass er eine ganze Kiste mit Bildern von meinen Kindern mitgenommen hatte. Das tat weh, sehr weh. Und er wollte mir wehtun. Sein Satz: »Ich werde dafür sorgen, dass du mich nie vergisst« bekam jetzt eine ganz bestimmte Bedeutung. Oh, wie böse und niederträchtig konnte dieser Mensch sein. Ich saß da, heulte und in mir stieg unendliche Wut auf. Diese Dinge waren unwiederbringlich verloren, wenn er sie mir nicht zurückgab. Viele Erinnerungen, einfach weg. Ich hasste ihn abgrundtief. Zornentbrannt rief ich ihn an und brüllte ins Telefon. ER stritt natürlich alles ab, warum sollte er meine Sachen nehmen. Wer außer ihm hatte denn einen Schlüssel zum Haus und ein Interesse daran? Er entgegnete nur, ich hätte die Sachen wohl verschlampt. Wie abgebrüht er war. Die ganzen Jahre hatte er mich ausgenutzt ohne Ende, viel Geld ist auf der Strecke geblieben. Er hatte den gesamten Schmuck zurückgefordert, was ich unmöglich fand. Aber ich gab ihm die Ringe und Ketten, die er mir geschenkt hatte, sie bedeuteten mir nichts mehr. Einige Schmuckstücke hatte er sich ohnehin schon genommen, ohne mich zu fragen. Ein toller Charakterzug, dachte ich, aber die jetzige Aktion übertraf alles. Das konnte und wollte ich nicht so stehen lassen. Ab sofort sperrte ich alle Zimmer zu und versteckte die Schlüssel. Um sicherzugehen, deponierte ich den Rest meiner Fotos und Alben im Keller einer Nachbarin. Dafür war ich ihr dankbar.

Drohungen bei Trennung

Nun hat Sonja alles so gut vorbereitet und im Geheimen ihren Auszug organisiert, und dennoch findet Frank eine Lücke, um ihr zu schaden. Er macht sogar seine Drohung wahr: indem er ihr persönliche Dinge stiehlt, die nicht zu ersetzen sind, sorgt er dafür, dass sie ihn nicht vergisst. Das ist eine sehr perfide Form von Gewaltanwendung. Fotos sind die bildhafte Erinnerung des eigenen Lebens und Kinderfotos im Besonderen. Diese Dinge sind für jeden Menschen intim und von hohem Wert, und das nützt er aus. Er weiß, wie sehr es Sonja schaden und wie stark es sie verletzen wird. Und ihre Reaktion zeigt es ihm überdeutlich. Er braucht nur alles zu leugnen und sich dadurch unangreifbar machen, was ihre Wut noch steigert. Er lässt sie sozusagen am ausgestreckten Arm zappeln und hat vermutlich seine Freude daran, eine tiefe, diabolische Schadenfreude.

Haben narzisstische Männer die Befürchtung, dass ihre Frau sich trennen will oder nehmen sie wahr, wie sie entsprechende Schritte unternimmt, stoßen sie Drohungen aus, die sie davon abhalten sollen. Frank droht, sie müsse für immer auf einen Mann verzichten, der ihr so viel Liebe, Sex und Zuwendung gibt wie er. Andere drohen, die Frau finanziell oder beruflich zu ruinieren oder ihren Ruf zu beschädigen. »Du wirst schon sehen, ich mach dich fertig!«

Diese Drohungen halten viele Frauen davon ab, den Mann zu verlassen, denn sie machen Angst und wirken hemmend. Obwohl diese Drohungen in der Regel nicht umgesetzt werden, verfehlen sie ihre Wirkung nicht. Wer sich dadurch einschüchtern lässt, unternimmt keine Befreiungsschläge mehr und ergibt sich in sein Schicksal. Eventuell wird die Frau sogar anfangen, an sich zu zweifeln, sich abzuwerten, und befürchten, falsch zu handeln.

Aber Sonja bleibt dieses Mal standhaft. Sie hat genug von

all seinen Lügen, Beschönigungen und undurchschaubaren Spielchen. Zwar hat sie Angst, allein zu sein, aber ihr Leid und ihr Wille, diesem ein Ende zu setzen, sind größer.

Außerdem hat sie diesmal dank Job und Wohnung gute Startbedingungen. Durch die finanzielle Absicherung und die eigenen vier Wände ist sie zwar emotional noch nicht gelöst von Frank, aber sie spürt, dass sie etwas bewirken kann und fähig ist, ihr Leben selbst in die Hand zu nehmen. Das hilft, sich auch seelisch zunehmend abzugrenzen.

Ich ging zu einem Anwalt, schließlich hatte ER mich bestohlen, das konnte man doch nicht durchgehen lassen?

Nachdem er sich meine Geschichte angehört hatte, sagte er, das sei zwar schlimm für mich, aber es gebe leider keine Möglichkeit, Frank das nachzuweisen. Meine Sachen würde ich wohl nie wieder sehen. Ich könne Anzeige wegen Diebstahls erstatten, aber im Umkehrverfahren könne Frank mir eine Klage wegen Verleumdung an den Hals hängen. Das machte mich noch wütender. Der Anwalt merkte das und meinte wohlwollend, ich solle es mit Güte versuchen. Mit Güte, ich hätte aufschreien können. Diesem Menschen bedeutete doch so etwas wie Güte nichts. Enttäuscht verließ ich die Kanzlei. Auf der Rückfahrt grübelte ich über seine Worte nach. Vielleicht wäre es taktisch ja doch geschickt, ihm wohlwollend zu begegnen und ihm ein bisschen Hoffnung zu machen, um an meine Sachen zu kommen.

Am nächsten Morgen, ich war noch im Halbschlaf, klingelte es an der Haustür. Natürlich war es Frank, der hoch und heilig versicherte, dass er meine Sachen nicht genommen hatte. Gerne wolle er mir beim Suchen helfen. Und dann kam wieder das Tränendrüsen-Theater. Wie stehe er denn jetzt da? Da könne er ja gleich von der nächsten Autobahnbrücke springen. Oh, ich kochte und schrie ihn an: »Dann spring doch, am besten gleich. Dann ist endlich Ruhe.« Doch an-

statt mit Wut zu reagieren, weinte er noch mehr. Diesmal weinte er wirklich und schluchzte fürchterlich. Aber in mir rührte sich kein Mitleid, nein, ich war so was von wütend auf ihn. Er wartete wohl darauf, dass ich ihn wie früher in den Arm nehme, aber das tat ich nicht. Mit verheulten Augen blickte er mich an und bekam fast keinen Ton heraus. Doch dann fielen mir die Worte des Anwalts ein, und ich entschloss mich, meine Wut zu bremsen, mich verbal zurückzuhalten. Ich versuchte die Situation zu entschärfen, indem ich meinen Auszug als notwendig erklärte, ich bräuchte einfach Zeit, um über alles nachzudenken. Ich versuchte ihm einen Hoffnungsschimmer zu geben. Es funktionierte. Seine Laune stieg, seine Augen glänzten wieder. In diesem Moment dachte ich mir, gut, auch ich kann Theater spielen. Jetzt war er auf meine Gunst angewiesen. Denn ich zog aus, weg von ihm, raus aus seinem Dunstkreis. Ich konnte künftig meine Türe schließen und bestimmen, wer durch diese kam und ging. Es war ein gutes Gefühl.

Neue Stärke

Sonja sucht jetzt rechtlichen Beistand. Rein juristisch hat sie keine Chance, doch der Anwalt gibt ihr einen Rat, der ihr in etwas anderer Form schon selbst in den Sinn kam: Güte statt Zorn. Bei ihr hieß es: einlenken statt Wutausbruch. Auf das Wort Güte reagiert sie fast entsetzt, denn das ist etwas ganz anderes als einlenken. Güte ist eine wohlwollende und nachsichtige Haltung, es geht darum, Gutes zu tun und Gnade und Barmherzigkeit zu üben. Einlenken bedeutet, Provokationen zu vermeiden, nicht wütend zu werden und wenn, dann nur innerlich, und nach außen Freundlichkeit zu mimen. Güte und Narzissmus liegen meilenweit auseinander und widersprechen sich sogar. Narzissten verlangen Güte und Wohlwollen von anderen, es kommt ihnen aber nicht in den Sinn, sie anderen zu geben.

Was ihr allerdings Kraft gibt, ist ihre neue Position, die sie Frank gegenüber einnimmt. Statt die Bittstellerin zu sein und um seine Zuwendung zu buhlen, macht sie ihn von ihrer Gunst abhängig. Dahinter steckt zwar ein Rachegedanke, aber zumindest hilft er ihr, sich abzugrenzen und ihr Ziel zu verfolgen. Auch auf die Selbstmorddrohung Franks reagiert sie nicht schuldhaft-panisch, sondern aggressiv-abgrenzend. Er versucht die mieseste Erpressung, die es gibt: jemanden verantwortlich zu machen für den eigenen Freitod. Das muss man zurückweisen. Ist der andere jedoch suizidal, muss man die Polizei rufen und ihn in die Psychiatrie bringen lassen, um sein Leben zu schützen. Bei Frank besteht die Gefahr nicht, weil er sofort auflebt, als sie ihm Hoffnung macht, zurückzukommen.

Die letzten Tage in diesem Haus. Ich konnte es gar nicht erwarten. Ich habe es geschafft, dachte ich. Doch ein mulmiges Gefühl blieb. Der Umzug lief reibungslos über die Bühne, als der Wagen losfuhr, blickte ich mich noch einmal um, keine Wehmut, nur Erleichterung. Ich musste nur noch mal zum Saubermachen kommen, und dann war endlich alles vorbei. Für den Abend hatte ich mir einen Piccolo gekauft, das wollte ich begießen. Ich genoss die Stille um mich, nur ich, endlich. In der Nacht schlief ich wie ein Murmeltier. Ja, nach dem Auszug hatte ich keine Schlafstörungen mehr. Mein Körper dankte es mir, er regenerierte sich.

Dieses Gefühl, das Sonja in ihrer neuen eigenen Wohnung hat, kenne ich von vielen Frauen. Endlich allein, selbstbestimmt, machen können, was sie will, und vor allem RUHE! Kein Streit, keine Angriffe, keine Verletzungen und Entwertungen. Sie muss sich nicht verteidigen, muss ihn nicht angreifen, kann »einfach« nur sein. Wie wunderbar. Nur schlimm und schade, dass dieses Gefühl in der Beziehung nie möglich war.

Das Haus putzte ich in den nächsten Tagen gründlich von oben bis unten, denn Frank wollte zur Abnahme kommen. Es war ein komisches Gefühl, als er vor mir stand. Er war mir schon jetzt fremd, ich sah ihn plötzlich mit anderen Augen. So nach dem Motto: Wie konnte ich mich in diesen Mann verlieben? Doch egal. Frank war zufrieden und quittierte mir das auch. Endlich raus. Die teuren Elektrogeräte in der Küche, die ich bezahlt hatte, konnte ich abschreiben. Er rechnete einiges gegen, was zwar nicht gerechtfertigt war, aber ich wollte meine Ruhe haben. Als ich meine restlichen Sachen aus der Garage holen wollte, war sie verschlossen, den Schlüssel hatte er angeblich nicht dabei. Die könne ich ja demnächst holen oder er bringe sie mir vorbei. Ha, ich erkannte seine Absicht dahinter, er wollte den Kontakt halten, wissen, wo ich wohne. Inzwischen durchschaute ich ihn. Ich sagte nichts dazu und ging. Allerdings hatte er mir den Tag vermiest. Mistkerl. Ich musste das so schnell wie möglich lösen.

Stabilisierung

Raus sein heißt noch lange nicht frei sein

Wie konnte ich dem irrsinnigen Glauben verfallen, Frank würde das alles so hinnehmen. Nein, in mein Leben sollte noch keine Ruhe einkehren. Zunächst war ich ganz zufrieden in meinem neuen Zuhause. Ich fühlte mich sehr wohl hier. Und mein neuer Job wartete auf mich. Alles auf Anfang. Wenn da nicht diese innerliche Wut gewesen wäre, auf Frank, aber in erster Linie auf mich selbst. Je länger ich alleine war und Zeit mit mir selbst verbrachte, desto stärker kam mir zu Bewusstsein, wie vieles ich gespürt, aber immer wieder verdrängt hatte. Ich hatte mir eine große Blase an Wunschwelt geschaffen, mich selbst immer wieder belogen. Dabei rannte ich einem Ziel hinterher, das ich gar nicht erreichen konnte. Das wollte ich nie mehr erleben, nie wieder in so eine Situation kommen. Nie wieder mit solchen Gefühlen konfrontiert werden. Ich wollte »frei« sein. Eine neue Beziehung war jetzt sowieso kein Thema, ich hatte die Nase voll. Die Männer sollten mich bloß in Ruhe lassen. Frank, Herbert, mein Vater: Diese Art von Männern tat mir definitiv nicht gut. Da blieb ich lieber alleine.

Umdenken

Sonja beginnt ehrlicher zu werden. Sie gesteht sich ein, dass sie vieles verdrängt hat, um ihr idealisiertes Ziel zu erreichen. Doch das allein reicht noch nicht aus. Das hat sie schon öfter gemacht und ist doch immer wieder zurückgefallen. Denn das Sich-selbst-Belügen geht durch die Einsicht nicht automatisch weg. Auch nicht durch die Beschwörungsformel, nie wieder auf so einen Mann hereinzufallen oder überhaupt eine Beziehung einzugehen. Das mag überzeugend klingen, wirkt aber mehr wie ein Mantra als wie ein besonnener Beschluss. Um nicht wieder an einen narzisstischen Mann zu geraten, muss sie an sich arbeiten und herausfinden, warum sie immer solche Männer wählt.

Ich überlegte, einen Psychologen aufzusuchen, verwarf die Idee zunächst aber wieder. Erstens würde es viel zu lange dauern, bis ich einen Termin bekäme und dann erforderte ja die Therapie selbst sehr viel Zeit. Ich war mir nicht sicher, ob das für mich der richtige Weg wäre.

Der eigene Anteil

Das Argument gegen eine Therapie ist für Sonja der Zeitfaktor. Will sie eine schnelle Lösung, obwohl sie sieben lange Jahre an der Beziehung zu Frank festgehalten hat? Gibt sie sich keine Zeit oder ist sie noch zu sehr mit ihrem Zorn, ihrer Verachtung und ihrem Rachebedürfnis an Frank verhaftet?

Diese Gefühle binden nämlich ebenso stark wie Liebesgefühle, manchmal sogar noch stärker. Man bleibt damit im Opfer-Täter-Muster, ist diesen Menschen nicht los, sondern hat ihn als »Kränkungsleiche« im Keller versteckt. Ein gelungener Abschied ist das nicht, denn jede Begebenheit, jeder Gegenstand, der mit ihm verbunden ist, löst unweigerlich die alten Kränkungsgefühle aus. Das kann der Rock sein, den Sonja beim ersten Treffen anhatte, oder die Automarke, die Frank fuhr, oder Erinnerungen an gemeinsame Erlebnisse. Alles kann den Schmerz und die Wut auf den anderen und sich selbst auslösen: »Warum hat er alles kaputt gemacht? Warum habe ich es nicht geschafft? So eine Ungerechtigkeit!« Eine Therapie ist oft hilfreich, vor allem, wenn es nicht nur um Hilfe für den aktuellen Konflikt und die Trennung geht, sondern auch um ein Verständnis für sich selbst und die Bearbeitung eigener Probleme. Es ist so viel einfacher, den Partner als den Schuldigen hinzustellen, ihn anzuklagen und zu verurteilen, als bei sich selbst zu schauen. Was ist der eigene Anteil an der Beziehungskatastrophe? Was muss man ändern, um eine befriedigende Beziehung zu leben, was hindert einen bislang noch daran? Dabei geht es nicht um Schuldzuweisung oder Selbstanklage. Diese Fragen führen zu den frühen Verletzungen und negativen Beziehungserfahrungen, die sich immer wiederholen, indem man sich Männer sucht, die einen schlecht behandeln und verletzen. Das Aufdecken und Verändern der destruktiven Muster eröffnet neue Wege in eine erfüllte Liebesbeziehung.

Die Überwindung früher traumatischer Beziehungserfahrungen führt zu Autonomie und Beziehungsfähigkeit und ermöglicht einen nachhaltigen Abschied von der destruktiven Partnerschaft und den eigenen zerstörerischen Anteilen. Wenn der innere Frieden hergestellt ist, kann Sonja loslassen und Frank gehen lassen.

Therapie hat auch zum Ziel, innere Einsicht zu entwickeln, Wunden zu heilen und daraus Kraft zu schöpfen. Das hilft, aus dem Opferstatus herauszukommen. Zu erfahren, dass es darum geht, Grenzen zu verteidigen und sich viel schneller von jemandem zu lösen, der einen nicht gut behandelt. Zu lernen, wieder Verantwortung für sich selbst und das eigene Leben zu übernehmen sowie Verständnis zu entwickeln für das, was zwischen einem selbst und dem Partner passierte. Beide müssen zu dem stehen, was sie dem anderen angetan haben, um am Ende zu einer Versöhnung zu kommen.

An diesem Punkt ist Sonja noch nicht, sie hält noch aus und lässt Frank wieder in ihr Leben.

Meine Handynummer hatte ich nicht gewechselt, und Frank schickte mir nun wieder SMS. Wie sehr er mich vermisse, wie er leide. Er könne nicht schlafen und wenn, dann träume er von mir. Bla, bla, bla. Wieder diese alten Sprüche. Glaubte er, dieselbe Masche würde noch einmal funktionieren? Ständig rief er an und wollte mir unbedingt meine restlichen Sachen vorbeibringen. Stets gepaart mit der Frage, ob das jetzt endgültig sei? Er könne auch zu mir ziehen, wenn ich wolle. Ich konnte es nicht fassen. Er hielt sich immer noch für den tollsten Hecht auf Erden, glaubte, dass eine Frau ohne ihn nicht leben konnte. Das machte mich unendlich wütend.

Unklare Grenzen

Es hat sich nichts geändert, Frank zieht seine Show ab und Sonja reagiert auf ihn. Zwar nicht mehr so verzweifelt wie früher, sondern immerhin wütend. Doch wie gesagt, auch Wut bindet. Es wäre ein Leichtes, die Handynummer zu wechseln, aber nein, sie lässt sich mit seinen SMS und Anrufen bombardieren. Das ist ein Zeichen, dass sie sich noch nicht von Frank gelöst hat. Vielleicht braucht sie den Kontakt, um ihren Ärger anzuheizen, der ihr die Kraft zur Trennung gibt?

Frank geht natürlich davon aus, dass seine Masche nach wie vor zieht, er hat es ja oft genug erlebt. Sonja ist immer wieder zu ihm zurückgekehrt, warum nicht auch diesmal? Sie hat schon einmal auf eine eigene Wohnung verzichtet und ist geblieben. Aus seiner Sicht ist es also logisch, sich wieder auf seine bewährte Tour an sie ranzumachen. Damit er kapiert, dass die Beziehung nun wirklich beendet ist, müsste sich Sonja also viel deutlicher abgrenzen, sie müsste jeglichen Kontakt abbrechen, um ihm keine Chance zu geben, wieder in ihr Leben einzudringen. Und wenn er es doch tut, dann müsste sie ihm unmissverständlich klarmachen, dass sie nichts mehr mit ihm zu tun haben will. Sie ist also gefordert, deutliche Grenzen zu ziehen und keinen Angriffspunkt für die alten Spiele zu bieten. Doch sie tut genau das Gegenteil.

Bei seinem nächsten Anruf sagte ich ihm, dass er mir die Sachen vorbeibringen könne. Ich gab ihm meine Adresse, weil ich mir dachte, er würde sie wahrscheinlich auch so herausbekommen, so weit wohnte ich ja nicht weg. Eine halbe Stunde von seinem Zuhause.

Es ist allerdings etwas ganz anderes, ob Sonja ihm ihre Adresse freiwillig gibt oder er sie sich auf irgendeinem Weg beschaffen muss. Zum einen ist die Frage, ob er es überhaupt täte und zum zweiten öffnet Sonja ihm die Tür freiwillig, was ein Beziehungsangebot ist.

Während ich ihm den Vorschlag machte, konnte ich mir sein Gesicht vorstellen. Er wollte gleich am nächsten Tag vorbeikommen. Die Nacht war unruhig, meine Gedanken kreisten um dieses Treffen. Wirklich gewollt habe ich es nicht. Wir hatten uns für den Nachmittag verabredet, Tageslicht war mir wichtig. Frank stand pünktlich vor meiner Tür. Mit einem sehr mulmigen Gefühl machte ich auf, und er grinste mir doch tatsächlich ins Gesicht. Wie überheblich, dachte ich, und die Wut stieg in mir wieder hoch. Er tat so, als ob nichts gewesen wäre. Ich wollte nichts mehr mit ihm zu tun haben, ließ ihn aber doch eintreten.

Sie dürfte ihm im wahrsten Sinn des Wortes die Tür keinen Spalt öffnen. Frank in ihre Wohnung zu lassen, ist ein schwerwiegender Fehler, sie verletzt damit den neutralen Raum, nämlich ihre neue Wohnung, in der er nichts zu suchen hat. Was sie sich damit antut, ist ihr nicht bewusst. Und Frank nutzt die Gelegenheit dankbar aus. Jedes Signal, das eine Frau wie Sonja aussendet, und sei es noch so unbedeutend, interpretiert ein narzisstischer Partner als Zustimmung: »Die will mich ja doch noch.« Das heizt seine Verführungskünste bis zur Perfektion an.

Verschwinde einfach aus meinem Leben, dachte ich, ich will ja nur meine Sachen. Doch Frank hatte sie gar nicht dabei, sein Anhänger sei unterwegs. Wieder diese fiese Taktik von ihm. Jetzt wurde ich richtig sauer. Für wie doof hielt er mich eigentlich? Ich war nicht gerade freundlich zu ihm und forderte ihn auf zu gehen. Was er tat, ohne zu murren. Ich kochte innerlich, mein Herz fing wieder an zu rasen. Verdammt, das war ja genau, was er wollte. Aber ich konnte diese Gefühle nicht abstellen. Dann schrieb er natürlich wieder SMS, entschuldigte sich und bot mir einen neuen Termin an, bat darum, mit mir reden zu dürfen. Er fing schon wieder damit an, mich beeinflussen zu wollen. Ich hasste ihn.

Immer noch im Teufelskreis

In dieser Passage wird die Ambivalenz von Sonja ganz deutlich. Einerseits gibt sie ihm ihre neue Adresse und lässt ihn auch in die Wohnung, auf der anderen Seite will sie keinen Kontakt mehr, er soll verschwinden. Die Bindungsenergie ist allerdings größer als die Trennungskraft. Das wird auch dadurch deutlich, dass sie einige Sachen vor dem Umzug bei ihm untergestellt hat und nun auf ihn angewiesen ist, um sie zu bekommen. Stärker kann sich Sonja gar nicht von Frank abhängig machen. Doch das ist ihr scheinbar nicht bewusst, denn es gäbe andere Lösungen, Sachen zu deponieren, als ausgerechnet in der Garage des Mannes, von dem sie sich trennen will. Unbewusst läuft ihr gesamtes Verhalten darauf hinaus, nicht von Frank wegzukommen.

Frank selbst spielt mit ihr, wie er es die letzten Jahre tat. Er geht davon aus, dass alles von Neuem beginnt, auch weil sich Sonja so verhält wie eh und je. Sein Lächeln und sein Verhalten schüren ihre Empörung und ihre Wut. Damit löst sie die nächste tausendfach erlebte Gegenreaktion bei Frank aus, nämlich seine Unterwürfigkeit, sein Betteln und Jammern, das sie erweichen soll. Das wiederum steigert ihren Zorn und ihren Wunsch, sich zu trennen. Ein Teufelskreis, in dem beide verfangen sind.

Inzwischen hatte ich meine neue Arbeit angetreten und fühlte mich dort sehr wohl. Das Team war nett, mit den Kunden kam ich gut zurecht und meine Chefin war zufrieden. War ich froh, mein eigenes Auskommen zu haben und endlich unabhängig zu sein. Es hätte jetzt alles gut sein können, wenn Frank nicht gewesen wäre. Er machte sich ständig in meinem neuen Leben breit, rief mehrmals täglich an, oft ging ich gar nicht mehr hin, ließ es klingeln. Und dann steckte eines Morgens eine Rose am Auto. So ein Idiot, dachte ich, und warf sie in den Mülleimer. Zum Glück war ich über diese Ebene hinaus. Mir war klar, ich musste ihm zeigen, dass ich über ihm stand. Also musste ich mir eine Strategie überlegen, um ihn kleinzubekommen. Er würde sonst keine Ruhe geben. Wir verabredeten uns erneut, und diesmal brachte er tatsächlich einige meiner Sachen mit, aber nicht alle.

Kennen Sie das?

»Es hätte jetzt alles gut sein können, wenn Frank nicht gewesen wäre.« Kennen Sie das? Das ist ein typischer Opfersatz: Nur weil er so böse ist, müssen Sie leiden! Bei diesem Denken ist absolute Vorsicht geboten, denn so funktioniert es nicht. Der andere ist nicht für Ihre Gefühle zuständig, auch wenn

Sie sein Verhalten unmöglich finden. Wenn Sie leiden, weil der andere Sie schlecht behandelt, dann wird sich daran nichts ändern, solange Sie ihn immer nur dafür anklagen, sondern erst dann, wenn Sie etwas verändern. In Sonjas Fall würde es bedeuten: Grenzen ziehen, Wohnung und Telefonnummer geheim halten, die Abholung ihrer Sachen selbst organisieren und nicht ihm überlassen. Dann gäbe es keine Berührungspunkte mehr und auch keinen Ärger. Und damit würde sie verhindern, dass er sich in ihrem Leben breitmacht. Das gelingt nämlich nur dann, wenn sie es zulässt.

Warum grenzt Sonja sich nicht ab? Ist es vielleicht ihr Wunsch, sich an Frank zu rächen, der sie keine Grenzen ziehen lässt und den Kontakt aufrechterhält?

Frank ließ nicht locker. Ständig rief er an, stellte einerseits Blumen vor die Tür, klebte mir Herzen auf die Windschutzscheibe und auf der anderen Seite drohte er mir. »Wenn du mich verlässt, mache ich dich fertig. Du wirst schon sehen, du bekommst keinen Fuß mehr auf den Boden, keiner wird dir mehr eine Stelle geben, denn ich werde deinen Ruf zerstören. Und deinen Kindern werde ich auch mal die Wahrheit über ihre ach so feine Mutter erzählen. Du wirst mich dein Leben lang nicht mehr los, ich verfolge dich bis an deine letzten Tage. Ich weiß eh, was du tust und wo du bist.«
Wegen dieser ständigen Belästigungen hatte ich mit der Polizei gesprochen, bekam aber nur zu hören: Sie tun nichts, solange er mir nichts tut. Na toll, dachte ich. So nach dem Motto, wenn er sie umgebracht hat, dann werden wir aktiv, schöne Aussichten. Also er durfte hundert Mal am Tag anrufen, mir drohen usw.

Stalking

Keine Grenzen zu ziehen, kann sehr gefährlich werden. »Nachstellung«, Stalking, wird strafrechtlich verfolgt, doch der Nachweis ist oft schwierig. Wer sich näher mit dieser Thematik auseinandersetzen will, findet im Anhang sowohl Adressen als auch Verhaltenstipps. Sie ähneln sehr denen, die man einem narzisstischen Partner gegenüber anwenden kann.

Was bezwecken die Männer mit diesem Verhalten? Sie wollen Angst verbreiten, Kontrolle über die Frau ausüben, sie in ihren Grundfesten verunsichern, sodass sie wieder Macht über sie bekommen. Angst lösen sie ganz sicher aus, das Gefühl ständiger Beobachtung verunsichert stark. Was, wenn er gewaltsam in die Wohnung eindringt, die Intimsphäre verletzt? So weit muss es aber nicht kommen, allein die vielen Anrufe, SMS, Mails, Blumen, Geschenke und Liebesschwüre zermürben. Die Gefahr, sich wieder auf ihn einzulassen, ist groß, nur um den Terror zu beenden. Doch Achtung! Damit handelt man sich einen anderen Terror ein, den man noch weniger loswird.

Eines Abends kam ich von der Arbeit nach Hause, eine Flasche Sekt stand vor der Tür. Ich wunderte mich und noch mehr über den persönlichen Aufdruck auf dem Etikett. Später erzählte ich Frank davon und er sagte: »Na, jetzt geht das wieder los. Wahrscheinlich ist dein Vermieter scharf auf dich.« Ich schüttelte nur den Kopf und fand seine Art doof. Diese Flasche stand am Anfang eines erneuten »Stalkings«. Plötzlich kamen auf mein Handy komische SMS, zunächst als liebe Grüße und wie es mir gehen würde. Und dass ich ihm gefallen würde. Dann ging es in die Richtung, er wisse, dass ich jetzt zu Hause sei, und würde mich gerne treffen. Immer wieder standen kleine Geschenke vor der Tür oder hingen an meinem Auto. Jetzt wurde es richtig ungemütlich. Es machte mir Angst. Ich fühlte mich beobachtet. Vor allem, wenn ich

*nach Hause kam und er mir dann schrieb und Bescheid
wusste. Von all dem hatte ich Frank noch nichts erzählt, obwohl er immer wieder fragte, ob sich noch etwas getan hätte.
Ich überlegte tatsächlich, ob mein Vermieter dahinterstecken
könnte, denn wer hatte meine Handynummer? Dann fiel mir
eine Bekannte ein, ihr Mann arbeitete bei der Polizei. Ich gab
ihr die Handynummer durch. Die Idee, einen Polizisten in-
offiziell um Auskunft zu bitten, war theoretisch gut, aber es
stellte sich heraus, dass diese Nummer nirgends zu finden
war, es handelte sich um ein Prepaidhandy.*

*Nun erzählte ich Frank doch davon, der aufging wie ein
Hefekloß, weil ich ihm das nicht schon früher erzählt hatte.
Diesen Typen werde er sich schnappen. Er habe ja immer gesagt, dass man auf mich aufpassen müsse, und wenn ich wieder zu ihm ziehen würde, wäre er immer für mich da. Also
gab ich Frank die Handynummer und dann zog er ein Theater ab, das mich zunächst durchaus beeindruckte, mir im
Nachhinein aber zeigte, wie gut er spielen konnte. Er gab sich
als Polizist xy von der Polizeidienststelle sowieso aus, machte
seinem Gesprächspartner, wer auch immer es war, massive
Vorhaltungen, drohte. Die einzige Chance, glimpflich davonzukommen, sei, den Kontakt mit mir sofort einzustellen.
Wenn nicht, stünden sie bald vor seiner Haustüre. Heute gehe
ich davon aus, dass er das alles nur inszeniert hat.*

Das ist eine perfide Art, um Sonja wieder an sich zu binden.
Ein selbst inszeniertes Stalking, bei dem Frank sich als Retter
aufspielen kann. Doch so recht zieht die Masche nicht mehr,
er hat zu viel Porzellan zerbrochen, als dass Sonja wirklich
willens wäre, zu ihm zurückzukehren.

*Natürlich dankte ich ihm für seine Befreiungsaktion, machte
ihm aber auch klar, dass er nun gehen solle. Das tat er, meldete sich aber nach einigen Tagen wieder, denn er müsse*

unbedingt mit mir reden. Er machte es so dringlich, dass ich mich zu einem Treffen überreden ließ. Er kam dann mit seiner Sporttasche. Wozu er die mitgebracht habe, wollte ich wissen. Er sei doch wohl nicht der Meinung, dass er über Nacht bleiben könne? Vielleicht hatte er es erhofft. Denn er fragte mich, ob mir der Sex mit ihm nicht fehlen würde. Er habe Lust auf mich und vermisse unseren Sex sehr. Nein, mir ging nichts ab. Ich hatte kein Bedürfnis, mich ihm zu nähern und schon gar kein Bedürfnis nach Sex mit ihm.

Genug geredet

Der Vorwand, mit der Partnerin noch mal reden zu wollen, dient dazu, sie wieder einzufangen. In den meisten Fällen funktioniert das, und auch Sonja lässt sich darauf ein. Doch was wollen sie besprechen? Es ist alles gesagt. Es gibt nichts mehr zu klären oder auszudiskutieren. Das konnten sie ohnehin nie, weil sie entweder in Liebe verschmolzen oder sich stritten. Eine konstruktive Auseinandersetzung läuft ganz anders. Die Paarberatung hat die Form vorgegeben: Jeder hört sich die Meinung des anderen an, darf nicht gleich reagieren und dagegen reden und dann stehen die beiden Meinungen erst einmal so im Raum. Wenn sie Glück haben, finden sie einen Kompromiss, wenn nicht, müssen sie mit dem ungelösten Konflikt leben. In narzisstischen Beziehungen gelingt das nie. Da müssen die Partner sich einig sein oder es muss sich einer der Meinung des anderen unterwerfen. Bei Frank und Sonja war es immer Sonja.

Frank ging noch einen Schritt weiter: Wenn ich vernünftig wäre und zu ihm zurückkehrte, bekäme ich auch meine Sachen wieder, und wir könnten uns finanziell verständigen. In mir brodelte es. Am liebsten hätte ich ihn geschlagen. An die-

sem Tag beschloss ich nun doch, mir sein Ego vorzunehmen. Ich fühlte mich stark genug dafür, ich wollte ihm das zurückgeben, was ich von ihm bekommen hatte. Seine Gefühle mit Füßen treten, sein Selbstwertgefühl verletzen, ihn erniedrigen, ja, ich wollte mich rächen. Ich wollte ihn spüren lassen, wie es sich anfühlt, benutzt und ausgenutzt zu werden. Und ich wollte ihn endgültig aus meinem Leben verbannen, denn sonst würde ich noch verrückt werden. Dieser Mensch beschäftigte mich ständig, das musste aufhören.

Meine Sachen waren mir inzwischen total egal, ich wollte sie gar nicht mehr. Sollte er damit machen, was er wollte. Ich wollte ihm nur noch eine Lektion erteilen.

Ein paar Tage später schrieb ich ihm also, dass er mir fehlen würde und vielleicht gäbe es ja noch eine Chance für uns. Das wirkte, Frank biss sofort an. Er lud mich zum Essen ein, und ich versuchte entspannt zu wirken. Frank strahlte, er hoffte, er sah sich als Sieger. Doch das würde ich ihm so richtig vermiesen. Rache, jetzt kam Rache.

Wir verabredeten uns für das Wochenende erneut. Ich hielt ihn hin, sobald es auf das Thema Sex kam. Frank schluckte das zunächst, aber gerade beim Sex hatte er sich immer geholt, was er wollte. Dass das Hinhalten nicht ewig funktionieren würde, war mir klar, und ich musste entscheiden, wie weit ich gehen wollte. In den kommenden Wochen verbrachten wir wieder einige Zeit miteinander. Frank glaubte tatsächlich, demnächst bei mir einzuziehen.

Schließlich ließ ich mich sogar auf einen Trip nach Italien mit ihm ein. Und da flirtete ich mit anderen, was das Zeug hielt. Er schnaubte vor Wut, ich beruhigte ihn wieder. Ich flirtete, beruhigte ihn wieder. Es machte mir langsam Spaß, ihn auf die Palme zu bringen. Er hatte es nicht anders verdient. In diesem Urlaub kam es auch zum Sex, der für mich emotional bedeutungslos war. Was hieß, dass ich komplett über ihn hinweg war. Nichts an positivem Gefühl war geblieben, er

*war mir so fremd. Vielleicht brauchte ich das als Bestätigung,
dass alles vorbei war. Für ihn hingegen fing jetzt alles wieder
an. Doch mit meiner neuen Art konnte er nicht umgehen, er
wusste zum ersten Mal nicht, wie er reagieren sollte. Nach
anfänglicher Wut erkannte ich eine gewisse Hilflosigkeit.*

*Frank konnte sich schwer darauf einlassen, dass ich jetzt
bestimmte und er zahlte, im wahrsten Sinn des Wortes. Ich
ließ mich finanziell von ihm aushalten. Ich hatte so viel Geld
bei ihm gelassen, nun holte ich mir wenigstens einen kleinen
Teil wieder zurück. Es fühlte sich gut an, ich hatte die Zügel
in der Hand. Meinte ich zumindest.*

*Nur in mein Leben bezog ich ihn nicht mehr ein. Ich be-
stimmte jetzt, wann er Zeit mit mir verbringen durfte. Wenn
ich zu meinen Kindern fuhr, musste er warten. Er jammerte.
Er litt. Da er aber in der schlechteren Position war, hielt er
sich zurück. Er machte mir immer wieder Angebote, schlug
vor, mit mir ganz weit weg einen kompletten Neuanfang zu
machen. Träum weiter, dachte ich. Wie lange wollte ich das
durchziehen? Bis er bereit war, sich endlich scheiden zu lassen. Und dann würde ich ihm sagen, dass ich meinen Weg
alleine gehen werde. Jetzt war ich Biest und ich fühlte mich
endlich befreit.*

*Erst tat es mir gut, ihn leiden zu sehen, doch nach einiger
Zeit konnte ich dieses Spiel selbst nicht mehr ertragen, seine
Nähe machte mich wieder krank. Und ich wollte mich nicht
länger auf sein Niveau begeben. Ich wollte es nun endgültig
beenden. Dazu war für mich nicht einmal ein persönliches
Gespräch mehr wichtig. Ich rief ihn einfach an und sagte ihm
eiskalt, dass ich ihn nie wiedersehen wolle.*

Revanche

Nun gibt Sonja Frank alles zurück, was sie selbst erlebt hat. Sie spielt mit seinen Gefühlen, gaukelt ihm vor, ihn zu mögen und mit ihm zusammen sein zu wollen, und wenn er darauf eingeht, zieht sie sich zurück. Zu Beginn scheint es ihr Genugtuung zu bereiten, doch im Lauf der Zeit spürt sie, dass sie viel zu viel von sich einbringen muss. Sie muss ihn treffen, mit ihm reden, schlafen und immer wieder seine Nähe aushalten. Das nimmt sie so lange auf sich, bis sie nicht mehr kann und sich löst. Die Trennung schafft sie erst, als sie ihn nicht mehr ertragen kann und auch kein bisschen Gefühl mehr für ihn hat.

Dann fand ich einen interessanten Artikel über Traumatherapie und Familienaufstellungen, und der Wunsch, eine Therapie zu machen, kam wieder hoch. Ich wollte nie mehr in so eine Beziehung »stolpern«, und dafür musste ich wissen, was mit mir los war.

Also vereinbarte ich bei einer Therapeutin einen Termin, was natürlich nicht von heute auf morgen ging. Sie erklärte mir ausführlich, wie sie arbeitete, und was ich hörte und was wir besprachen, leuchtete mir ein. Dass ich mit meiner Vergangenheit, mit meiner Mutter, meinem Vater und Großvater abschließen und die Last, die mir meine Mutter auferlegt hatte, symbolisch an sie zurückgeben musste. Sonst könne ich kein normales Leben führen und der nächste Mann werde mir wieder nicht guttun. Ich glaubte ihr, ich wollte glauben. Niemandem erzählte ich davon, das war eine Sache für mich ganz alleine. Ich vertraute ihr. Und ich kann heute sagen, es hat mein Leben und es hat mich verändert. Oder vielleicht auch wieder zu der Person gemacht, die ich innerlich immer war. Nur war alles zugeschüttet und jeder hat seinen Müll auf mir abgeladen. Nie vergessen werde ich die imaginären Ge-

spräche mit meiner Mutter, meinem Vater und Großvater in der Therapie. Die Reaktionen meines Körpers darauf und das Gefühl, das sich dann einstellte. Das Erstaunlichste für mich war zunächst eine sichtbare körperliche Veränderung. Ich hatte schon lange massive Verspannungen im Nacken. Alle Versuche, diese wegzubekommen, waren gescheitert. Und nun lag ich nach der Sitzung noch zur Entspannung auf ihrer Liege und fühlte mich plötzlich so frei im Nacken. Ich griff hin und konnte es nicht glauben, die Verspannung war weg. Einfach weg. Sie lächelte mich nur an. Ich habe alles zurückgegeben, habe losgelassen, und es fühlte sich nur noch gut an. Ich war frei. Und eines war mir jetzt auch klar, ich würde mein Bauchgefühl nicht mehr unterdrücken. Mein Körper wusste, was mir nicht guttat und darauf wollte ich jetzt hören.

Vergangenheitsarbeit

Um die unbewussten eigenen Beziehungsmuster zu erkennen und aufzulösen, braucht Sonja die Hilfe einer Therapeutin. Mit ihr geht sie zurück in ihre Kindheit, zu den schmerzhaften Erlebnissen, der Verlassenheit und Überforderung. Sie arbeitet an dem sexuellen Missbrauch des Großvaters und löst sich von dem mütterlichen Auftrag, der ihre Schultern so schwer und hart machte. Sie kann Altlasten abschütteln und spürt ihre innere Freiheit.

Wir alle haben dunkle Flecken, die wir nicht sehen oder nicht sehen wollen. Nur der Blick von außen kann uns dabei unterstützen, hinzuschauen und unser Verhalten zu korrigieren. Das gelingt jedoch nur dann, wenn wir auch bereit sind, den anderen Blick anzunehmen. Das tun wir meist erst, wenn es nicht mehr anders geht.

Nun begann im wahrsten Sinne des Wortes ein neues Leben
für mich. Ich genoss meine Freiheit, obwohl Frank immer
noch keine Ruhe gab. Aber jetzt berührte es mich nicht mehr,
wenn er ausflippte, mich beschimpfte, mich alles Mögliche
nannte. Wenn er damit drohte, meine Familie kaputt zu ma-
chen, meinen Kindern zu erzählen, wie ich so drauf sei. Dro-
hen, ja das konnte er. Er rief sogar unter falschem Namen bei
mir an, wie doof war das denn. Ich erkannte seine Stimme
sofort. Ich war fertig mit ihm und meine Sachen hatte ich in-
zwischen auch abgeschrieben. Nachtrauern half nichts.

Dann sagte ich ihm bei seinem glücklicherweise letzten
Kontaktversuch einen Satz, den er nicht verkraften konnte.
Ich sagte ihm, dass er ein Versager sei, und ich jetzt Sex mit
einem weitaus jüngeren Mann hätte, der zehnmal besser sei
als er. Und dass ich das schon viel früher hätte tun sollen, so
wie er es ja auch hielt. Dieser Satz war der absolute K.-o.-
Schlag für ihn. Hätte das schon früher funktioniert? Ich weiß
es nicht. Auf jeden Fall hatte ich sein Ego kräftig getreten.
Über das Wort Schlampe, das er mir zuletzt mit auf den Weg
gab, konnte ich nur schmunzeln.

Der Witz war, es stimmte gar nicht, es gab keinen anderen
Mann, aber ein wirkungsvoller Bluff ist ein guter Bluff. Das
war immer seine größte Angst gewesen, sexuell zu versagen
und von einem potenteren Mann abgelöst zu werden.

Sonja hat Frank an seiner wundesten Stelle erwischt, an seiner Männlichkeit. Er, der sich hauptsächlich über Sex definiert und das als sein Aushängeschild vor sich herträgt, wird
vermeintlich abgelöst von einem Besseren. Das ist, als hätte
Sonja ihn kastriert. Die Kränkung ist so stark, dass er sich
endgültig zurückzieht. Wir wissen nicht, wie er damit um-
ging, vermutlich hat er sich schnell eine andere Frau gesucht,
um sich zu beweisen, wie potent er ist.

Ab da fing endlich mein neues Leben an, ich hatte Ruhe vor ihm. Keine Anrufe mehr, keine Blumen und Herzen mehr am Auto.

Nun verstand ich auch die tiefere Bedeutung von »Mon trésor«. Ich war sein Schatz, etwas Kostbares, worauf er aufpassen musste, etwas, das nur ihm gehörte, das er vor Zugriffen anderer schützen musste, weil er es allein besitzen wollte. Wer sich mit einem Schatz schmücken kann, der erscheint größer und wichtiger und hat das Gefühl, selbst etwas Besonderes zu sein. Und wo wäre ein Schatz besser aufgehoben als in einem Tresor? Eigentlich könnte dieser Vergleich einer Frau schmeicheln, und so war es ja auch – bis ich dahinterkam, warum dieser Mann mich so nannte. Er steckte mich in seinen Tresor und holte mich nur bei Bedarf heraus.

Doch eines ist mir heute auch bewusst – ich bin etwas Besonderes und habe irgendwann auf meinen Körper und auf mein Innerstes gehört und dem Traum, der zum Albtraum wurde, ein Ende bereitet. Ich habe ihn verlassen und darauf bin ich stolz.

Ein ungutes Gefühl blieb

Die Trennung bedeutete zwar, weg zu sein von dem Mann, der mir über Jahre zugesetzt hatte, doch nach wie vor war er in meinem Kopf präsent. Denn wenn man einem Menschen viel zutraut, auch Böses, bleibt man auf der Hut und fühlt sich immer wieder innerlich bedrängt.

Selbst nach einer langen Zeit der Trennung lebten noch Gefühle der Angst in mir auf. Schon alleine deshalb, weil er nur eine halbe Stunde von mir weg wohnte. Das Gefühl, unter Beobachtung zu sein, blieb, denn er hatte ja gesagt: »Ich weiß genau, was du tust.« Es gab Situationen, da glaubte ich, sein

Auto in meiner Straße gesehen zu haben. Auch hatte ich Angst, ihm irgendwo beim Einkaufen zu begegnen. Mir blieb wohl nur, sämtliche Telefonnummern zu ändern und woanders neu zu beginnen. Denn immer wieder kam die Angst hoch. Der letzte Anstoß, weit wegzuziehen, war der plötzlich extrem erhöhte Druck eines Autoreifens. Niemand, auch nicht meine Autowerkstatt, konnte mir das erklären. Nur eines war sicher, der Reifen hätte platzen können und das wäre unter Umständen lebensgefährlich gewesen. Steckte er dahinter? Wollte er mir immer noch schaden? Man wird diese unguten Gedanken nicht los.

Wie geht man damit um? Am Anfang ist es schwer. Man fühlt sich nach wie vor hilflos. Doch Gespräche mit guten Freunden, mit meiner Ärztin und letztendlich mit mir selbst haben mir einen Weg gezeigt. Du musst abschließen – sagte jeder. Lass endlich los, beiß in den sauren Apfel und zieh weg. Und genau das habe ich getan.

Ich war dann zwei Jahre lang alleine, bis ich mich entschloss, nicht länger solo bleiben zu wollen. Bei einigen Männerbekanntschaften hat mich mein Bauchgefühl sofort gewarnt und ich habe genau hingehört. Diesen Männern habe ich nicht den Hauch einer Chance gegeben. Ich war mir viel zu wichtig, ich wollte nicht mehr leiden und Kompromisse eingehen. Heute lebe ich in einer Beziehung, die voller Harmonie ist, und in der wir aufeinander eingehen. So etwas kannte ich nicht, aber das gibt es, wenn es der Richtige ist. Heute weiß ich, was Liebe ist und was es bedeutet, jemanden zu haben, auf den man sich hundertprozentig verlassen kann.

Es gibt ein Leben, das mir gehört, und deshalb muss ich, so hart es klingt, meinen eigenen Weg gehen. Sich selbst zu zerfleischen bringt nichts, und das will ich auch nicht. Ich nehme das Leben an, wie es ist, mit allen Höhen und Tiefen, und versuche endlich meinen Frieden zu finden.

Ich liebe mich wieder selber, bin selbstbewusst und fühle mich stark genug für diese neue Beziehung. Aber auf einer anderen Ebene. Die Zeit, die mir zur Verfügung steht, gehört der Zukunft. Zusammen mit meinem neuen Lebenspartner habe ich meine schlechten Erfahrungen in einer Art Ritual verbrannt und die Asche in den Fluss gekippt. Weg damit. Es fühlte sich gut an.

Wege aus der narzisstischen Beziehung: praktischer Rat

Woran erkennt man narzisstische Beziehungsmuster?

Typische Aussagen und Verhaltensweisen

1. Er ist mein Traumprinz
   »Wenn am Anfang alles zu schön ist, um wahr zu sein – ist es das auch meistens« (Christine Merzeder). Traumprinzen sind ganz normale Männer, die von den Frauen idealisiert und auf einen Sockel gestellt werden.

2. Ich hätte es schon ganz früh merken können
   Warnsignale zeigen sich schon sehr bald in einer Beziehung. Doch keiner will sie sehen: den emotionalen Ausraster nach einer Bagatelle, den viel zu scharfen und zu lauten Ton, wenn man etwas falsch macht, den strafenden Blick und vielleicht sogar die erhobene Hand. Das ist Mikrogewalt (Merzeder), die in großer Gewalt endet.

3. Du bist schuld
   Narzissten übernehmen nie die Verantwortung für eigene Fehler, sondern schieben sie der Frau unter. Ein paarmal geschluckt, wird es zur Gewohnheit.

4. Bei dir ist alles anders
   Nicht nur Vorwürfe und Entwertungen sollten Sie von sich weisen, sondern auch ungerechtfertigte Lobeshymnen, um

wie viel besser Sie sind als alle Partnerinnen zuvor, die ihn nur ausgenutzt haben.

5. Es geht nur um ihn
Er will immer im Mittelpunkt stehen, er spricht nicht, sondern doziert, er weiß alles besser und fragt nicht, wie es Ihnen geht, weil es ihn nicht primär interessiert.

6. Ich bin nicht mehr ich
In narzisstischen Beziehungen kann man nicht einfach so sein, wie man ist, sondern man muss sich immer in bestimmter Weise verhalten. So entfernen Sie sich allmählich von sich selbst und wissen nicht mehr, was Sie wollen und was Ihnen guttut.

7. Verführung ist keine Liebe
Verführung ist Machtausübung, um Sie unter Kontrolle zu halten und Sie abhängig zu machen. Liebe macht seelisch satt, Verführung verpufft schnell.

8. Monolog statt Dialog
Die egozentrische Haltung »Was ich sage, stimmt«, lässt keinen Raum für einen Dialog.

9. Launenhaftigkeit
Er hat gute Stimmung, wenn alles so läuft und wenn Sie so sind, wie er es will. Alles andere ist eine Kränkung, die er persönlich nimmt.

Reaktion und Gegenreaktion

Jedes narzisstische Verhalten des Mannes hat eine Gegenreaktion der Frau zur Folge [14]

Verhalten des Mannes	Reaktion der Frau
Er umgarnt sie mit Komplimenten	Sie fühlt sich geliebt
Er zeigt offene Eifersucht	Sie hält das für einen Liebesbeweis
Er fährt wegen Kleinigkeiten aus der Haut	Sie fühlt sich schuldig und versucht, es ihm recht zu machen
Er kontrolliert sie immer mehr	Sie lässt es zu und glaubt, es sei Fürsorge
Die Anschuldigungen und Vorwürfe häufen sich	Es schüchtert sie immer mehr ein
Er bestimmt, wie sie zu sein hat	Sie passt sich immer stärker an, verliert den Kontakt zu sich
Er unterbindet Kontakte und Aktivitäten	Sie wird isoliert und immer abhängiger von ihm
Er bedroht sie verbal und körperlich	Angst und Unsicherheit steigen, aber auch erste ernste Zweifel
Er ist nur noch abweisend und kritisch	Sie zieht sich zurück und hält es kaum noch aus
Er ist unerträglich	Sie sucht Hilfe

Wer geht narzisstische Ausbeutungsbeziehungen ein?

Es kann jede Frau treffen, sich in einen narzisstischen Mann zu verlieben – einfach, weil er so anziehend ist. Aber nicht jede Frau bleibt und hält es so lange aus wie Sonja und viele andere auch.

Was unterscheidet sie?

Diejenigen, die sich schneller von einem narzisstischen Partner abwenden, genießen zwar auch die anfängliche Idealisierung, sind aber skeptisch, wenn der Blick auf sie dauerhaft zu positiv ausfällt. Sie wollen nicht auf einen Thron gehoben werden, weil damit die Erwartung und der Druck verbunden sind, immer so toll und besonders sein zu müssen. Das lässt sie vorsichtig werden. Statt sich in die totale Verliebtheit zu stürzen, gehen sie etwas auf Distanz, zügeln ihre Gefühle und nehmen nicht jedes Kompliment für bare Münze. Sie lassen sich Zeit und warten ab, wie die Beziehung sich entwickelt, statt gleich zu Beginn schon Zukunftspläne zu schmieden. Eine Beziehung entsteht nicht mit dem ersten Verliebtsein, sondern bewährt und festigt sich erst im Zusammensein. Mit einer solchen Haltung bleiben sie in ihrer Mitte und versinken nicht in einer Konfluenz (Verschmelzung) mit dem Partner. Das hilft ihnen, die anfänglichen Ausraster des Mannes nicht zu übersehen, sondern sie als Warnhinweise zu registrieren. Sie können sich fragen, ob sie sich auf einen Mann einlassen wollen, der dazu neigt, seine Kontrolle zu verlieren, wenn es nicht nach seinem Willen geht. Statt sein Verhalten wegen zu viel beruflichem Stress oder anderer Überlastungen zu entschuldigen, setzen sie schon früh eine Grenze, indem sie ihm signalisieren, dass sie so nicht behandelt werden wollen. Die Frauen lassen sich Zeit zu prüfen, ob der Mann ihnen das geben kann, was sie in einer Beziehung suchen: Verständnis, Zuwendung, Interesse, Einfühlung. Sind immer sie diejenigen, die auf seine Wünsche eingehen und zurückstecken, oder tut er es auch? Kommt er ihnen entgegen, zeigt er Fürsorge und Empathie, ist er interessiert an ihrem Wohlergehen oder nur an seinem? Wird er sauer, wenn seine Wünsche nicht erfüllt werden oder können sie das miteinander klären? Frauen, die all das nicht beachten, sondern sich wie Sonja fraglos unterordnen, werden erst nach Jahren merken, dass sie all diese Fragen nicht zu ihren Gunsten beantworten können. Sie haben nur gegeben, ihm alles durchgehen lassen, ihn entschuldigt und Verständnis gezeigt. Sie haben das ihrerseits von ihm nicht eingefordert.

Hinderliche Grundeinstellungen

Es gibt eine ganze Reihe von »Eintrittskarten« für die narzisstischen Manöver des Partners. Prüfen Sie, ob die folgenden Punkte Ihnen bekannt vorkommen.

Selbstabwertung
Folgende Einstellungen liegen häufig vor:
- Ich bin nicht wichtig
- Ich bin nicht liebenswert
- Ich bin dumm und mache alles falsch

Da sie sich für dumm halten, glauben diese Frauen, dass die Vorwürfe des Partners stimmen. Und sie entschuldigen seinen Zornausbruch, weil sie etwas falsch gemacht haben. Hätten sie richtig gehandelt, müsste er sich nicht beschweren. Also unterwerfen sie sich und versuchen es beim nächsten Mal besser zu machen. Ihr extremes Anpassungsverhalten resultiert oft aus der Einstellung, der andere sei wichtiger als sie selbst. Sie tun alles, um zu gefallen und geliebt zu werden, wobei sie mit wenig Zuwendung zufrieden sind.

Selbstverleugnung

Um nicht als schlechte Hausfrau, Mutter oder Partnerin dazustehen, opfern sie sich fast bis zur Selbstverleugnung auf. Sie sorgen für alle, nur nicht für sich selbst. Sie nehmen sich keinen Freiraum, weil sie Kritik und Vorwürfe fürchten, faul zu sein. Mit der Zeit spüren sie kaum noch, was sie wollen bzw. stellen sich diese Frage gar nicht mehr. Hinter der totalen Anpassung verbirgt sich manchmal eine der Grandiosität verpflichtete Vorstellung:
- Ich mache alles so perfekt, dass man mich lieben muss.
- Ich schaffe es schon, dass er nicht mehr ohne mich sein will.
- Ich muss nur alles richtig machen, dann wird die Beziehung gelingen.
- Ich tue alles mit dem Ziel, ihn für mich einzunehmen.

Doch diese Rechnung ist ohne den Wirt gemacht, denn die Frau wird die Beziehung nicht allein aufbauen können, dazu gehören immer zwei.

Sich nur mit den Augen des anderen sehen

Um alles richtig zu machen, unterziehen sich Betroffene einer permanenten Selbstkritik, indem sie sich nur mit den Augen des anderen betrachten. »Was hält er von mir, wie findet er mich, bin ich gut genug, entspreche ich seinen Erwartungen?« Das führt zu einer ständigen Selbstkontrolle: ihr Aussehen, ihre Worte, ihr Verhalten, ihre Mimik, Gestik und ihre Bedürfnisse – alles wird nach seinen Maßstäben bewertet. Die Frauen sind nicht mehr bei sich und in ihrer Mitte, sondern nur noch im Kontakt mit seinem fantasierten Urteil.

Anklammerung

Wer meint, nicht gut genug zu sein, hat Angst, verlassen zu werden. Sobald selbstunsichere Frauen vom Partner Zuwendung bekommen, halten sie ihn fest, weil sie befürchten, allein-

gelassen zu werden und keinen anderen Mann mehr zu finden. Besser den als keinen! Diese Anklammerung erzeugt
Druck und bewirkt genau das Gegenteil: Der Partner distan-
ziert sich. Dadurch steigen die Angst und das Anklammern.
Ein Teufelskreis.

An allem schuld sein
Wer dazu neigt, sich Schuldgefühle einreden zu lassen, ist ein
leichtes Opfer für narzisstische Partner, denen es ja darum
geht, die Verantwortung auf andere abzuschieben und selbst
ungeschoren davonzukommen. Die Frau sollte vermeiden, die
Schuld für die verkorkste Partnerschaft allein bei sich zu suchen, denn der Anteil des narzisstischen Mannes ist sehr groß.

Keiner darf so sein, wie er ist
Viele Frauen glauben zu Beginn einer Beziehung, sie könnten
»den Mann schon erziehen« und ihn dahin bringen, wo sie
ihn haben wollen. Damit lassen sie den anderen nicht so sein,
wie er ist, und setzen ihn mit ihren Erwartungen unter Druck.
Gleichzeitig sind sie aufgrund ihrer extremen Anpassung aber
auch nicht die, die sie sind. Beide schreiben sich in ihrer Beziehung gegenseitig Rollen zu, die sie bestmöglich zu erfüllen haben. Das tötet alles ab, was zwischen Menschen Spaß
macht und nährt. Und es führt häufig zu Unehrlichkeit, weil
keiner sagen kann, wie es ihm geht und was er braucht.

Sexualisierung von Kontakten
Narzisstische Partner neigen dazu, Beziehungen zu sexualisie-
ren, oder sogar Sexualität mit Liebe zu verwechseln. Versucht
er sie zu erobern und mit ihr zu schlafen, erlebt sie das als Beweis seiner Zuneigung und Liebe. Diesen Trugschluss werden
wir bei Sonja und Frank erleben. Die Suche nach der Leidenschaft endet nicht unbedingt in einer guten Beziehung. Dazu
bedarf es mehr.

Hilfe holen

In der verzweifelten Situation einer narzisstischen Beziehung ist es sehr wichtig, wenn nicht sogar unabdingbar, sich Hilfe von außen zu holen. Das kann eine Beratungsstelle sein, eine Therapeutin, das Frauenhaus, das Hilfetelefon 08000 116 016 oder andere Anlaufstellen für Frauen. Im Anhang sind einige Adressen aufgeführt.

Seelische Hilfe

Um sich aus einer ausbeuterischen Abhängigkeitsbeziehung lösen zu können, ist seelische Unterstützung ganz entscheidend. In einer Therapie können Sie lernen, sich wieder auf sich zu besinnen und zu erfahren, dass das Beziehungsproblem nicht nur an Ihnen liegt, sondern auch, wenn nicht sogar in hohem Maße, an Ihrem Partner und seinem Verhalten. Wenn Sie die Dynamik verstehen, können Sie sich von vielen Unterstellungen befreien. In der professionellen psychotherapeutischen Begleitung können Sie Traumata und Beziehungsstörungen bearbeiten, die mit ein Grund dafür sind, dass Sie eine solche Beziehung so lange ausgehalten haben. Tauschen Sie Ihren eigenen Narzissmus gegen Autonomie und ein gestärktes Selbstwertgefühl ein.

Wer es jahrelang gewohnt ist, Vorwürfe zu bekommen, der merkt gar nicht mehr, was er sich alles auflädt. Es ist nicht leicht zu begreifen, dass die Schuld nicht nur bei einem selbst zu suchen ist. Zu dieser Erkenntnis zu gelangen und danach zu handeln, schaffen Sie als Betroffene allein meist nicht, weil Sie durch die Beziehung bereits völlig verunsichert und von sich entfremdet sind. Doch Vorwürfe wie die folgenden sind in der Regel aus der Luft gegriffen: Die Partnerin sei blöd, zu nichts zu gebrauchen, böse, ihm gegenüber ungerecht, sie lasse ihn im Stich, andere seien ihr wichtiger als er, sie sei mannstoll, egoistisch und gestört. »Was hast du schon wieder gemacht?«, »Kannst du nicht mal auf mich Rücksicht nehmen?«, »Ist dir denn alles egal?«, »Du machst alles kaputt«, »Mit dir kann man nicht leben«: Solche Sätze jeden Tag mehrmals zu hören, ist wie Gehirnwäsche, und am Ende glaubt die Frau, wirklich so ungenügend zu sein. Aus diesem Gefühl heraus passt sie sich noch mehr an und versucht, alles besser zu machen. Sind Sie von solchen Anschuldigungen betroffen, läge Ihre Selbstverantwortung darin, diese zurückzuweisen und sie nicht »zu schlucken«. Dazu brauchen Sie das Korrektiv von außen, denn Sie selbst stecken so tief drin, dass Sie nicht mehr unterscheiden können zwischen wirklichen Verfehlungen und haltlosen Unterstellungen.

Die Hilfe von Freundinnen ist in dieser Situation meist nicht ausreichend und überfordert die Freundschaft. Mit der Unterstützung der Therapeutin gelingt es Ihnen, sich selbst zu reflektieren und zu erkennen, welches Verhalten Sie in der Abhängigkeit verharren lässt. Weder Anpassung noch Rebellion führen zur Ablösung, sondern der Kontakt zu Ihren Gefühlen und Bedürfnissen. Wenn Sie spüren, was Sie wollen und was nicht, können Sie sich viel klarer dem Partner gegenüber positionieren und durchsetzen. Sie haben mehr Kraft und befreien sich auf diese Weise aus der Opferhaltung und aus der Beziehung.

Oft hält ein Schuldgefühl die Frau davon ab, den Mann zu verlassen, weil sie glaubt, ihm etwas Schlimmes anzutun und ihn im Stich zu lassen. Im Gespräch mit der Therapeutin können Sie erfahren, dass Ihr Schuldgefühl im Moment überflüssig und hinderlich ist. Sie machen sich nicht schuldig, nur weil Sie sich autonom und selbstbestimmt verhalten. Wer es aber gewohnt ist, sich schnell schuldig zu fühlen, braucht von außen die Erlaubnis, den Mann loszulassen und die Verantwortung für sein Leben selbst zu übernehmen.

Die Hilfe von außen stärkt auch Ihr Selbstwertgefühl, indem Ihnen zugehört und geglaubt wird, sich jemand um Sie kümmert, die/der es gut mit Ihnen meint, Sie aber nicht bevormundet, sondern Ihre Selbstverantwortung stärkt. Auf dieser Basis können Sie die nächsten Schritte erarbeiten, die nötig sind, um eine Trennung zu vollziehen.

Juristische Hilfe

Hier geht es um konkrete Hilfestellungen, was Sie bei einer Trennung beachten müssen. Beispielsweise wenn es um den Unterhalt und das Sorgerecht für die Kinder geht. Je besser Sie durch eine Anwältin/einen Anwalt über Ihre Rechte unterrichtet sind, umso effektiver können Sie handeln. Sie wissen dann, was Sie fordern können und welche rechtliche Handhabe Sie gegen den Mann haben. Dieses Wissen stärkt und holt Sie aus der hilflosen Opferposition heraus.

Was außerdem zu beachten ist

Praktische Schritte

Sorgen Sie im Vorfeld der Trennung dafür, dass Ihre Finanzen geregelt sind: Sparen Sie Geld an, suchen Sie sich eine Arbeit oder lassen Sie sich vorübergehend finanziell unterstützen. Ohne Geld können Sie nur schwer ein neues Leben beginnen. Achten Sie darauf, dass Ihr Partner keinen Zugriff auf Ihr Konto hat, notfalls lassen Sie es vorübergehend sperren.

Die nächsten Schritte sind die Wohnungssuche und die Planung des Auszugs. Wann und wie ziehen Sie aus, am besten, wenn der Mann nicht daheim ist. Wo kommen die Kinder in dieser Zeit unter und droht ihnen Gefahr durch den Vater (beispielsweise durch Entführung)? Das Jugendamt muss eingeschaltet werden, wenn das Kindswohl gefährdet ist und die Polizei, wenn die Frau und ihre Kinder Gewalt ausgesetzt sind. Sorgen Sie dafür, dass gute Freunde und vielleicht sogar starke Männer beim Umzug dabei sind, damit Sie sich sicher fühlen.

Es ist notwendig, die Handynummer zu wechseln, um sich vor SMS und Anrufen zu schützen. Auch wenn Sie sie wegklicken oder den Anruf nicht entgegennehmen, so sind sie doch schon in Ihren Raum eingedrungen und er macht sich wieder in Ihrem neuen Leben breit. Genau das darf nicht passieren, denn es bewirkt eine innere Unruhe, manchmal sogar Angst oder schürt Ihre Wut. Durch seine Kontaktaufnahme sind Sie zumindest gedanklich wieder mit dem Partner beschäftigt, was Sie ja nicht mehr wollen und was auch die Loslösung erschwert. Denn das alles bindet nach wie vor auf eine ungute Weise. In bestimmten Fällen ist es auch angeraten, die Adresse geheim zu halten, um ein mögliches Stalking nach der Trennung zu vermeiden. Die Gefahr ist hoch, dass Sie durch die Belästigungen so unter Druck gesetzt werden, dass Sie wieder einknicken. Sie sind im Moment nicht stark genug, dem lange zu widerstehen. Sie müssen bedenken, dass Sie mit der Trennung eine große Leistung vollbracht haben, die viel Kraft kostet. Sie brauchen nach all dem Stress der letzten Jahre erst einmal Ruhe, denn das ganze innere System ist noch auf Alarm geschaltet und die körperliche Kraft möglicherweise auch durch psychosomatische Symptome geschwächt. Wie sollen Sie sich dann gut vor neuen Attacken schützen? Wenn Sie nicht beruflich oder wegen der Kinder an den bisherigen Wohnort gebunden sind, sollten Sie überlegen, weiter wegzuziehen, um dem Dunstkreis Ihres Expartners zu entkommen. Sollten Sie in der Nähe wohnen bleiben, dann sorgen Sie dafür, dass er nicht zu Ihnen in die Wohnung kommt. Das ist jetzt Ihr Raum, in dem er keinen Platz mehr erhalten soll. Sie sollten darauf achten, dass Sie nicht länger auf ihn angewiesen sind, etwa weil Sie Umzugskisten oder andere Dinge bei ihm zurückgelassen haben, die Sie brauchen. Sie stellen dadurch unnötig Kontakt her, den er als Annäherung interpretieren kann oder zur Erpressung ausnutzt.

Maßnahmen gegen Nachstellungen

Um sich nachhaltig gegen Nachstellungen zur Wehr zu setzen, müssen Sie Grenzen ziehen, Geschenke strikt ablehnen und sich gegen Drohungen wappnen. Werfen Sie Blumen und andere Geschenke sofort in die Mülltonne und zeigen Sie ihm, wie wertlos diese Dinge für Sie sind. Nehmen Sie sie auf keinen Fall mit ins Haus oder ins Auto. Dann nämlich haben Sie ihn symbolisch wieder bei sich.

Nehmen Sie Drohungen ernst, aber machen Sie sich bewusst, dass sie in den meisten Fällen nicht umgesetzt werden. »Ich mache dich fertig«, »Du wirst schon sehen«, »Du wirst deines Lebens nicht mehr froh« und viele andere Angst machende Einschüchterungen haben zuallererst den Zweck, eine Abhängigkeit zu zementieren, der Sie entkommen wollen. Je eigenständiger Sie werden und je mehr Distanz Sie zu ihm schaffen, umso stärker wird er versuchen, Sie wieder zurückzugewinnen. Denn ein narzisstischer Partner akzeptiert es nicht, verlassen zu werden. Wenn, dann verlässt er Sie, aber nicht Sie ihn!

Provokationen ignorieren

Widerstehen Sie der Versuchung, sich auf Provokationen einzulassen, lassen Sie ihn ins Leere laufen, das schützt Sie und nimmt seiner Provokation die Bedeutung. Versuchen Sie nicht, das schlechte Bild, das er von Ihnen oder Ihnen wichtigen Menschen zeichnet, zurechtzurücken. Sie bewirken damit nur eine Verstärkung des Konflikts. Lassen Sie ihn über Sie denken, was er will, Sie müssen nichts klarstellen, im Gegenteil. Solange Sie noch Einfluss nehmen wollen auf sein Handeln und seine Anfeindungen, solange sind Sie noch in seinem Spiel verhaftet.

Was Veränderung bedeutet

Es bedarf einer emotionalen Veränderung, um sich nachhaltig anders verhalten zu können. Das erreichen Sie dadurch, dass Sie Ihre Wunschwelt aufgeben und sich der Realität stellen mit allen Konsequenzen. Sie müssen sich klarmachen, dass das, was Sie leben wollten, nicht realisierbar ist und dass die Wirklichkeit eine andere ist als die vorgestellte. Das ist schwieriger, als es klingt, denn was bleibt, wenn der Traum wegfällt? Dann begegnen Sie sich selbst, Ihrer inneren Leere, die der Partner ausfüllen soll, Ihren tiefen Bedürfnissen nach bedingungsloser Liebe und Beachtung, der Angst vor dem Alleinsein und der Tatsache, dass niemand da ist, der Sie bestätigt und umwirbt. Doch es kommt auch ein Gefühl der Erleichterung auf, endlich wieder selbstbestimmt leben zu dürfen, frei zu sein, sich nicht mehr anpassen und unterwerfen zu müssen, wieder Sie selber zu sein. Allerdings hält diese Erleichterung oft nicht lange an, denn bald kommt die Sehnsucht nach dem Partner wieder hoch, nach seiner Zuwendung und Beachtung. Das Negative rückt in den Hintergrund und Sie laufen in diesem Moment Gefahr, sich wieder auf den Mann einzulassen.

Trennung in Würde

Wären Sie nicht so gekränkt und in Ihrem Selbst so unendlich verletzt, müssten Sie sich nicht verachten, geschweige denn dem anderen etwas heimzahlen, sondern könnten sich in Würde trennen: »Wir konnten uns nicht geben, was wir vom anderen erhofft und ersehnt hatten. Wir haben beide im anderen jemanden gesehen und gesucht, der er nicht war. Das ist unendlich bedauerlich und schmerzhaft. Diesen Schmerz kannst du mir nicht abnehmen und ich dir deinen nicht. Dennoch lasse ich dich in Frieden gehen und muss dir nicht meinen Zorn hinterherschicken. Dasselbe wünsche ich mir von dir.«

Eine solche Trennung setzt aber voraus, dass die Partner die Verantwortung für sich selbst übernehmen, statt die Schuld auf den anderen zu schieben.

Bedenken Sie!

1. Sie sind kein emotionaler Mülleimer

Unter Stress reagieren narzisstische Menschen oft ungerecht und unwirsch. Doch warum sollten Sie die schlechte Stimmung abbekommen oder sogar Vorwürfe und Beschimpfungen aushalten müssen? Dafür gibt es keinen Grund. Schieben Sie dem einen Riegel vor: »Hör auf, so mit mir zu reden.«

2. Sie haben Achtung verdient

Sie müssen nicht für ein bisschen Zuwendung leiden und sie sich mühsam erkämpfen. Sie haben mehr verdient, vor allem eine achtungsvolle Behandlung. Suchen Sie sich Menschen, die Sie verstehen und gut mit Ihnen umgehen. Lassen Sie sich nicht von Freunden, Kollegen und Familie entfremden. Sollte es schon passiert sein, dann aktivieren Sie die Kontakte wieder.

3. »Ich denke zuerst an mich« sollte Ihr Motto werden

Das Maß aller Dinge liegt in Ihnen und nicht in Ihrem Partner. Nur Sie wissen, was Ihnen guttut, was Sie brauchen, um sich erfüllt und wohlzufühlen. Von Ihrem narzisstischen Partner bekommen Sie das nicht, vielleicht wird er es Ihnen im Gegenteil sogar verwehren. Fragen Sie sich immer: Was will *ich*, was brauche *ich*?

4. Gestehen Sie sich das Scheitern der Beziehung ein

Ein Ende mit Schrecken ist besser als ein Schrecken ohne Ende. Es ist kein Versagen, sich zu trennen, sondern Selbstverantwortung. Länger in der narzisstischen Beziehung zu bleiben, schädigt Sie, macht krank oder sogar suizidal.

5. Auch seelische Gewalt verletzt

Häufig haben betroffene Frauen das Problem, anderen deutlich zu machen, worunter sie leiden, weil man seelische Gewalt nicht sieht. Sie haben keine blauen Flecken und körperlichen Verletzungen, die sie vorzeigen könnten. Seelische Gewalt äußert sich nicht in körperlich sichtbaren Zeichen, verletzt aber ebenso.

Noch dazu schaffen ihre Partner es perfekt, sie als hysterisch und durchgeknallt bloßzustellen. Sie spinnt halt, das muss man nicht so ernst nehmen. Die Partner geben sich gegenüber Therapeuten und Beratern als die Vernünftigen und Zugewandten. Wer glaubt dann der Frau, wenn sie emotional aufgewühlt und verzweifelt ist und er vielleicht sogar behauptet, sich Sorgen um sie zu machen? Die Außendarstellung von narzisstischen Männern ist vertrauenerweckend und glaubwürdig, sodass sich fast alle blenden lassen. Wie kann die Frau dann beweisen, dass sie diejenige ist, die leidet und wie kann sie ihre Glaubwürdigkeit untermauern?

Die Antwort ist, Sie müssen diese narzisstische Dynamik aufdecken und bekannt machen. Damit die Berater und Therapeuten nicht auf den äußeren Schein hereinfallen, sondern die Manipulationstechnik erkennen. Nur so kann Ihnen auf Dauer geholfen werden, nur so bekommen Sie schneller Anerkennung für Ihr Leid.

6. Bereiten Sie Ihr neues Leben gut vor

Unter »Hilfe holen« (siehe S. 206) wurde es bereits gesagt, aber da es so wichtig ist, hier noch mal zusammengefasst: Um aus der Abhängigkeit herauszukommen, müssen Sie sich unabhängig machen: emotional und finanziell. Emotional, indem Sie sich anderen Menschen anschließen, die Sie verstehen, unterstützen und schützen; finanziell, indem Sie sich um Ihre Rücklagen kümmern oder um einen Arbeitsplatz. Danach können Sie sich eine neue Wohnung suchen. Am besten dort, wo Sie bereits Kontakte haben. Wenn Kinder da sind, müssen Sie sich an bestimmte Auflagen halten, da Sie die Kinder nicht ohne Weiteres dem Vater entziehen dürfen. Hierzu ist eine Rechtsberatung von Nutzen. Sind Sie allein und haben Sie Angst, von Ihrem Partner auch nach der Trennung belästigt zu werden, ziehen Sie weiter weg, wo Sie Ihr Partner nicht so einfach findet. Ändern Sie Ihre Handynummer und geben Sie Ihre Adresse nicht raus!

Anhang

Stalking

2007 wurde »Nachstellung« (Stalking) als spezieller Tatbestand unter § 238 ins Strafgesetzbuch eingefügt und in den § 112a Strafprozessordnung aufgenommen. Sind bestimmte Voraussetzungen und Gefährdungen gegeben, kann Untersuchungshaft, man spricht auch von Deeskalationshaft, angeordnet werden.

Rechtliche Möglichkeiten[15]

Wenn Sie den Stalker namentlich kennen, können Sie beim Amtsgericht an Ihrem Wohnort eine Schutzanordnung (siehe nächster Punkt) gegen ihn beantragen. Verstößt der Stalker dagegen, macht er sich strafbar, und Sie können bei der Polizei Anzeige erstatten.

Wegen seiner Stalkinghandlungen (z. B. SMS, Telefonanrufe, Auflauern, Verfolgen, Ausforschen, Blumen und Geschenke schicken etc.) und anderer Straftaten wie Körperverletzung, Bedrohung, Beleidigung, Sachbeschädigung etc. können Sie den Stalker anzeigen. Ein Strafantrag ist in den meisten Fällen erforderlich und sollte rechtzeitig innerhalb von drei Monaten nach der letzten Tat bei der Polizei, der Staatsanwaltschaft oder dem Amtsgericht gestellt werden.

Ihnen steht auch immer der Notruf der Polizei (110) zur Verfügung.

Schutzanordnung

Mit einer Schutzanordnung kann das Amtsgericht dem Stalker oder der Stalkerin dauerhaft verbieten, sich in der Nähe Ihrer Wohnung aufzuhalten oder andere Orte aufzusuchen, an denen Sie regelmäßig sind (wie Arbeitsplatz, Schule oder Kindergarten), Verbindung mit Ihnen herzustellen (z. B. Telefon, Brief, SMS oder E-Mail), Kontakt über Dritte zu Ihnen aufzunehmen, Treffen, auch »zufällige«, mit Ihnen herbeizuführen. Gesetzliche Grundlage dafür ist das Gewaltschutzgesetz.

Verhaltenstipps[16]

Kompletter Kontaktabbruch zum Stalker/der Stalkerin
Man sollte dem Täter unmissverständlich klarmachen, dass man mit ihm keinerlei Kontakt will. Lassen Sie den Stalker ins Leere laufen.

Keine letzte Aussprache
Eine letzte Aussprache wird nie eine letzte Aussprache sein, es ist ein Köder.

Das Umfeld informieren
Enge Bezugspersonen wie Familie, Freunde, eventuell auch Kollegen sollten Bescheid wissen, um keine Auskunft über Sie zu geben. Zudem schreckt das möglicherweise den Täter ab.

Ein Stalkingtagebuch führen
»**Was** passierte **wann** und **wo** und **wer** war gegebenenfalls Zeuge?« Ein Tagebuch gilt als Beweis für Polizei, Staatsanwaltschaft und Gericht.

Zugänge/Accounts bei sozialen Netzwerken sichern oder löschen
Der eigene Frieden und Schutz sollte wichtiger sein, als ein Online-Account!

Keine privaten Unterlagen ungeschreddert im Hausmüll entsorgen
Der Stalker kann dadurch Informationen über Sie erhalten und für seine Interessen ausnutzen.

Bei Telefonterror
Beantragen Sie eine Fangschaltung, eine geheime Rufnummer oder einen Zweitanschluss. Wechseln Sie die Handynummer. Auch ein Anrufbeantworter kann sinnvoll sein, um das Gespräch nicht direkt annehmen zu müssen. Nehmen Sie einen Anruf erst dann an, wenn Sie wissen, wer dran ist.

Gewohnheiten ändern
Joggen Sie zu anderen Zeiten und auf anderen Wegen, ändern Sie die Heimfahrt von der Arbeit aus etc.

Beratung suchen
Was Ihre nächsten Schritte sein können, erfahren Sie bei einem Anwalt, einer Stalking-Beratungsstelle, der Polizei.

Selbstverteidigungskurs
Hier lernen Sie, sich körperlich zu wehren, und stärken zugleich Ihr Selbstwertgefühl. Wer spürt, dass er Kraft hat und sich verteidigen kann, hält sich nicht mehr nur für ein Opfer.

Wohnungssicherung
Die Polizei berät, wie Sie Ihre Wohnung einbruchsicher machen können.

Juristische Schritte einleiten
Einstweilige Verfügung/Schutzanordnung, Strafanzeige wegen
Nachstellung

Auskunftssperre beim Einwohnermeldeamt beantragen

Bei einem Übergriff
Täter siezen und gezielt Umstehende ansprechen, Ihnen zu
helfen.

Adressen

Zu Narzissmus und Gewalt:

Das Hilfetelefon »Gewalt gegen Frauen« ist ein bundesweites
Beratungsangebot: **08000 116 016** und via Onlineberatung
www.hilfetelefon.de

Für Österreich:
Frauenhelpline Österreich anonym, rund um die Uhr erreich-
bar. Kostenlose Rufnummer: 0800 222 555
www.frauenhelpline.at

Für die Schweiz:
Die Opferhilfe wird in den Kantonen unterschiedlich gehand-
habt – eine einheitliche Hotline für die Schweiz gibt es leider
nicht.
Zürich 0041 (0)52 213 61 61

Ökumenische Telefonseelsorge – Bundesweite kostenlose Ruf-
nummern (24 Stunden/365 Tage): 0800 111 0 111 oder
0800 111 0 222

Opferhilfe »Weisser Ring« Bundesweite gebührenfreie Rufnummer: 116 006; www.weisser-ring.de

Spezielle Anlaufstellen, die auch Ihnen weiterhelfen:
Frauen helfen Frauen in Not e. V., Konstanz 07531 679 99
Frauen Notruf Ebersberg 08092 881 10
Serviceportal Baden-Württemberg www.service-bw.de/
»Beratungsstellen für Frauen« über www.zapmeta.de

Bundesweite Adressen finden Sie im Internet unter:
– »Anlaufstellen für Frauen«
– »Gewalt gegen Frauen«
– »Frauen helfen Frauen«

Einige Internetadressen:
www.frauenhauskoordinierung.de
www.awo-augsburg.de
www.umgang-mit-narzissten.de

Speziell zum Stalking:

Polizeipräsidium Ihrer Stadt: Kriminalitätsvorbeugung/Opferschutz

Ehe-, Familien- und Lebensberatungsstellen (im Telefonbuch Ihrer Stadt)

Gleichstellungsstelle Ihrer Stadt

Die oben genannten Angebote von Weisser Ring (116 006) und Telefonseelsorge (0800 111 0 111 und 0800 111 0 222) helfen auch bei Stalking weiter.

Gewaltschutzambulanz bei körperlicher Verletzung:
Berlin Tel. 030 450 570 270, https://gewaltschutz-ambulanz.
charite.de

Universitätsklinikum Hamburg-Eppendorf (UKE),
040 7410-52 127, ifrhh@uke.de

Weitere Stellen in allen Bundesländern, Österreich und der
Schweiz sind aufgelistet in Wikipedia: Opfer- und Trauma-
ambulanzen

Einige Internetadressen:
www.stalking-forum.de
www.afpg-online.de
www.polizei-beratung.de

Literaturverzeichnis

Akhtar, Salman: Narzissmus und Liebesbeziehungen. In: Kernberg, Otto F./ Hartmann Hans-Peter: Narzissmus. Grundlagen, Störungsbilder, Therapie. Schattauer 2006

Asper, Karin: Verlassenheit und Selbstentfremdung. Neue Zugänge zum therapeutischen Verständnis. Walter 1987

Battegay, Raymond: Narzissmus und Objektbeziehungen. Huber 1979

Bierhoff, Hans-Werner / **Herner**, Michael Jürgen: Narzissmus – die Wiederkehr. Huber 2009

Buss, David: Wo warst Du? Der Sinn der Eifersucht. Rororo 2003

Grüttefien, Sven: Wie trenne ich mich von einem Narzissten? Books on Demand 2015

Grüttefien, Sven: Wie befreie ich mich von einem Narzissten? Books on Demand 2016

Haller, Reinhard: Die Narzissmusfalle. Ecowin 2013

Lehmann, Ischta: 11 Tipps / So entkommen Sie dem-Psychoterror der Narzissten. Veröffentlicht am 04.08.2015 www.welt.de/icon/article144772275/ So-entkommen-Sie-dem-Psychoterror-der-Narzissten.html

Krüger, Wolfgang: Aus Eifersucht kann Liebe werden: Die Heilung eines ungeliebten Gefühls. Herder 2013

Maaz, Hans-Joachim: Das falsche Leben: Ursachen und Folgen unserer normopathischen Gesellschaft. C. H. Beck 2017

Merzeder, Christine: Wie schleichendes Gift. Narzisstischen Missbrauch in Beziehungen überleben und heilen. Scorpio 2015

Raffaeli, Ruth Morgan: Wenn die Liebe zur Hölle wird. Eine zerstörerische Beziehung erkennen und ihr entkommen. Krüger 1999

Rößger, Danilo: Gebrauchsanweisung für ein Gefühl: Eifersucht. ZEIT Wissen Nr. 4/2016, 14. Juni 2016

Rosenberg, Ross: The human Magnet Syndrome. PESI Publishing and Media 2013

Stauss, Konrad: Bonding Psychotherapie. Kösel 2006

Stiemerling, Dietmar: Was die Liebe scheitern lässt. Die Psychologie der chronisch gestörten Zweierbeziehung. Pfeiffer/Klett-Cotta 2002

Telfener, Umberta: Hilfe, ich liebe einen Narzissten. Goldmann Arkana 2009

Wardetzki, Bärbel: Weiblicher Narzissmus – Der Hunger nach Anerkennung. Kösel 1991, 2005

Wardetzki, Bärbel: Ohrfeige für die Seele. Wie wir mit Kränkung und Zurückweisung besser umgehen können. dtv 2004

Wardetzki, Bärbel: Mich kränkt so schnell keiner! Wie wir lernen, nicht alles persönlich zu nehmen. dtv 2005

Wardetzki, Bärbel: Eitle Liebe. Wie narzisstische Beziehungen scheitern oder gelingen können. Kösel 2010

Wardetzki, Bärbel: Nimm's bitte nicht persönlich. Der gelassene Umgang mit Kränkungen. Kösel 2012

Wardetzki, Bärbel: Blender im Job. dtv 2017

Wolf, Ernest S.: Theorie und Praxis der psychoanalytischen Selbstpsychologie. Suhrkamp 1998

Quellennachweis

Das Wichtigste über Narzissmus
1 Asper, S. 63
2 Battegay, S. 42
3 Siehe ausführlich Wardetzki ›Weiblicher Narzissmus‹, S. 177
4 Siehe Haller, S. 103 ff.
5 Bierhoff / Herner, S. 94

Vorgeschichte
6 Stiemerling, S. 62 ff.

Aufbruch in eine neue Beziehung
7 Wardetzki ›Eitle Liebe‹, S. 11
8 zit. nach Akhtar, S. 627

Sein anderes Gesicht
9 Krüger, ZEIT Wissen Nr. 4/2016
10 Wolf, S. 235

Hin und Her
11 Aus einem Gespräch mit einem Kollegen
12 umgang-mit-narzissten.de

Der Weg aus der Beziehung
13 Stauss, S. 123

Wege aus der narzisstischen Beziehung
14 Nach Raffaeli, S. 77
15 zitiert nach Arbeitskreis Gewaltschutzgesetz Münster
16 Die Ausführungen folgen den Vorschlägen auf der Website www.stalking-justiz.de/handlungsmoglich-keiten-fur-betroffene